adult children and family

폭력아동과 가족

- 어덜트 칠드런의 이해를 위하여 -

adult children and family

폭력아동과 가족

- 어덜트 칠드런의 이해를 위하여 -

초판 인쇄 2020년 07월 03일

초판 발행 2020년 07월 10일

지은이 | KEB가족기능연구회

펴낸곳 | 아인북스

펴낸이 | 김지숙

등록번호 | 제2014-000010호

주소 | 서울시 금천구 가산디지털2로 98 B208호

　　　　(가산동, 롯데IT캐슬)

전화 | 02-868-3018 팩스 | 02-868-3019

메일 | bookakdma@naver.com

ISBN | 978-89-91042-83-4 (03370)

adult children and family

폭력아동과 가족

– 어덜트 칠드런의 이해를 위하여 –

KEB가족기능연구회

아이북스

이 책이 출간되도록 힘써주신 출판관계자 여러분과
이 책을 읽을 독자 여러분께 감사의 마음을 전합니다.
이 책의 이익금 중 일부는
지금도 가정 내 폭력과 아동폭력 등 각종 폭력으로
고통 받고 있는 분들을 위해 쓰일 것입니다.

"엄마 아빠가 무서워서 하루 종일 숨어있었어요."

"다른 사람들한테 도와달라고 하면 큰일 나요."

세이브 더 칠드런 아동보호 공익광고에 나오는 5살 김지은의 애처로운 대사다.

아이들에게 편안한 보금자리가 되어야 할 집과 방이 사각의 링으로 표현된 공익광고도 있다. 이는 아동학대가 일어나는 곳이 집 안이라는 점과 가해자가 부모가 많다는 점을 보여준다.

아이의 코와 입에서 나는 피가 좋지 않은 내용의 단어들로 표현된 광고사진도 있는데, 이는 언어폭력의 잔인함을 나타내고, 아이들에겐 언어폭력도 큰 상처가 될 수 있음을 보여준다.

어릴 적 학대를 당한 아동은 커서도 공격적인 성향이 대물림된다는 의미로, 아이가 학대당하며 자라 다시 학대하는 어른이 되는 모습을 연령별로 보여주는 광고도 눈길을 끈다.

'Child abuse leaves indelible damage within.'

'아동학대는 아이의 내면에 씻을 수 없는 상처를 줍니다.'

이 문구를 아래쪽에 깔고 밖에서는 아무런 문제가 없어 보이지만 집에서는 아동학대를 당하고 있을 수 있으니 어른들이 관심을 가져달 라는 내용을 담은 광고도 인상적이다.

폭력을 행사하는 어른과 철창 안에 갇혀 있는 아이의 모습을 통해, 도망칠 곳이 없는 부모의 폭력 속에서 벗어나지 못하고 자라는 암울한 아이의 상황을 보여주는 광고 또한 우리를 슬프고 분노케 한다.

성적 콘텐츠들이 스마트폰을 통해 쉽게 노출됨에 따라 성범죄자들 이 아동들과 접촉하는 것이 점점 쉬워진다는 내용을 보이며, 아이들 이 올바르게 스마트폰을 활용할 수 있도록 도와주라는 당부의 내용을 담은 광고도 눈에 띈다. 이는 아동에 대한 성범죄가 끊이지 않고 일어 나고 있는 데 대한 경고와 어른들의 역할을 생각하게 한다.

'아동학대 80%이상이 가정 내 부모에 의해 발생합니다.'

인천광역시의 한 아동복지관에서 인천지하철 내에 설치해 놓은 아 동보호 홍보 문구다. 그러면서 우리 아이에게 소리치지 않고, 상처 주지 않는 현명한 육아 포인트로 다음의 다섯 가지를 꼽아 게시해 두었다.

하나, 체벌 절대 금지

체벌은 훈육효과가 없으며 아이의 공격성과 분노를 유발하고 부모와 자녀 관계에 부정적인 영향을 미칠 수 있어요.

둘, 아이의 눈높이에 맞추기

부모의 잣대로 아이를 보지 말고 자녀의 연령과 발달에 맞는 훈육이 필요해요.

셋, 아이의 의도 충분히 이해하기

아이의 말을 경청하고 아이가 왜 그렇게 행동했는지 이유를 파악한 후에 그에 맞게 훈육해야 해요.

넷, 일관성 있는 자세 유지하기

규칙을 정하고 규칙을 지키지 않았을 때 일관성 있고 단호한 자세로 훈육하는 것이 좋아요.

다섯, 아이에게 대안 가르쳐주기

'하지 마!'라고 이야기하는 것보다 대안을 알려주는 것이 더 효과적인 방법이에요.

오른쪽 하단에 '우리 아이가 어떤 아이이든 아이의 입장과 생각을 존중해야 한다는 것! 꼭 기억해주세요.'라는 문구가 있다.

위에 열거한 광고문구들은 아동을 보호하자는 것들이다. 아동이란 가정 내에서 부모의 보호를 받는 것이 당연하나 현실은 그렇지 않기 때문에 공익광고를 통해 계도하는 것이다. 아이와 부모는 혈연관계로 이루어진 가족이다. 그럼에도 폭력과 폭언으로 서로에게 상처 입히는 일이 잦다.

이 책에서 다루게 될 어덜트 칠드런은 폭력을 당하며 자란 어린이가 자라 폭력적인 어른이 되어 다시 폭력을 행사한다는 점이다. 그런 면에서 어덜트 칠드런은 대물림한다는 표현이 맞다.

무심코 던진 말 한 마디가 자녀를 폭력아동으로 키우는 충격적인 사실을 알고 올바르게 사랑으로 키우도록 사례를 통하여 제시하고 자녀교육의 새로운 지침을 마련하고자 이 책을 엮었다.

"무엇을 해도 자신이 없습니다. 매일 보통 때처럼 생활하는 것만 해도 그 안에서 주위 사람들에게 '나'라는 존재가 알려져 있다고 생각하면 너무나 불안해지고 어딘가로 숨고 싶습니다. 이 세상에 태어나 이렇게 살아가는 것이 뭔가 크게 잘못된 듯, 너무나도 부자연스러운 것 같아 견딜 수가 없습니다."

이 글을 쓴 사람은 스무 살 청년으로 철이 들 무렵부터 부모에게 음식과 성性 양면에 대해 엄격한 규제를 받으며 자랐다고 호소한다. 천식이 있어 먹는 음식은 엄격하게 제한되었고 식욕 자체가 죄악처럼 느껴졌다고. 네다섯 살 무렵에는 자위행위에 도취하는 걸 배웠다며 다음과 같이 이야기했다.

"처음 자위행위를 발견한 날 이후 나는 가족이 나가고 혼자 집을 지킬 때 그 행위에 몸을 맡겼습니다. 그러다 갑자기 전기에 감전된 듯 벌떡 일어나 유리문을 돌아보면 유리창 너머로 눈을 부릅뜬 히스테릭하고 무서운 얼굴을 한 어머니가 나를 빤히 노려보고 있었습니다."

심한 꾸짖음은 이후에도 계속되었고, 그것은 항상 모든 설명이 생략된 채 무언극 안에서 이루어졌다. 그럼으로써 이 트라우마(심적 외상)를 겪은 아이는 말로 표현할 수 없는 죄책감과 자기불신에 방치되는 결과를 낳았다.

그는 중학생 시절을 손 씻기 강박에 갇혀 지냈고, 고등학생이 되자 대인공포에 시달리면서 줄곧 애완 고양이를 괴롭혔다. 꾸짖는 건 항상 어머니였고 아버지는 늘 무관심을 가장했다. 그렇다고 아버지에게 보호를 받은 기억도 없다.

고등학교를 졸업하자 이 청년은 도망치듯 집을 나와 대학 진학을 위해 상경했다. 그러나 그는 대학생활과 아르바이트를 하면서 만난 동년배 여성들과 친밀하게 지내기를 피하는 대신 아동기의 소녀들에게 성욕을 느꼈다.

이런 자신을 깨닫고 그는 경악했다. 소녀를 덮치고 능욕하다가 예전에 고양이들에게 한 것과 똑같은 짓을 할지도 모른다는 공포가 연구회 앞으로 이 편지를 쓰게 했다.

우리는 그에게 답장을 쓰고, 만나서 치료를 권하고, 한 정신과 의사를 소개해주었다. 당시 우리는 연구원으로 임상의 터전을 가지고 있지 않았기 때문이었다. 하지만 2년 후에 그는 자살했다.

우리는 이 청년의 치료에 참여하지 못했다. 그러나 청년이 체험한 가족 내 트라우마와 그 후유증에 대해 무엇을 할 수 있을까 계속 연구하다가 결심했다. 임상에서 연구하며 치료한 사례들을 독자들에게 알리고 자녀교육의 올바른 대안을 마련하고자 책으로 만들기로 한 것이다.

이 책에서 주로 다루게 될 어덜트 칠드런(Adult Children)이라는 용어는 원래 미국의 알코올 의존증 임상 가운데서 탄생한 용어로 알코올 의존증의 문제를 안고 있는 가족 안에서 성장한 어른(ACoA: Adult Children of Alcoholics)을 의미한다.

그러나 우리가 본서 안에서 사용하는 어덜트 칠드런의 개념은 미국 임상가들이 말하는 어덜트 칠드런보다 광범위하고 더 깊은 병태病態까지 포함한다. 우리가 어덜트 칠드런이라고 하는 것은 여기에 언급한 청년과 같이 가족 내 트라우마의 후유증(PPTSD: Psychological post traumatic stress disorder: 심리적 외상 후 스트레스성 장애)으로 고통 받는 사람을 말한다.

KEB가족기능연구회

차 례

제1장

어덜트 칠드런

우는 아기

LP1610070138_조지호_아기 24종_저작권위원회

어덜트 칠드런

어덜트 칠드런Adult Children이란 말을 쓰기 시작한 사회복지사나 심리요법사들은 알코올중독의 문제를 가진 부모 밑에서 자란 조용하고 소심한 사람들에게 나타나는 자기 파괴적이라고까지 할 수 있는 타인에 대한 헌신에 주목했다.

알코올중독자의 아내라는 힘겨운 입장에 놓여 있으면서 그 자리에서 벗어날 생각도 하지 못하는 여성들 가운데 많은 수가 알코올중독자의 딸이었다.

케이스워커들은 그들을 ACoA[1]라고 부르기 시작했다. 이 명칭을 부여함으로써 그들이 안고 있는 문제가 부상하기 시작했다.

미국에서는 1980년대에 어덜트 칠드런 운동의 시초라고 할 수 있는 풀뿌리 차원의 움직임이 있었고 그들의 회복을 목적으로 하는 셀프

---

1) Adult Children of Alcoholic: 어덜트 칠드런 오브 알코홀릭, 알코올 의존증 부모 밑에서 자라서 어른이 된 사람이라는 의미.

헬프 그룹[2]이 작은 마을에도 하나둘씩 생겨났다. 그런 이유에서인지 미국의 서점에는 어덜트 칠드런에 관한 책들이 여러 종류 놓여있는데 그대부분이 ACoA에 관한 것이다.

그러니까 ACoA가 어덜트 칠드런 개념의 원점인 셈이다. 여기서는 어덜트 칠드런이라는 용어를 부모의 알코올 의존증 유무와는 떼어놓고 살펴보려 한다. 왜냐하면 어덜트 칠드런이 가진 문제가 알코올중독자를 가진 가족만의 문제로 한정시키는 데 대해 많은 의구심을 가지고 있기 때문이다.

부모가 자녀에게 주는 스트레스는 알코올 의존증에서만 유래하는 건 아니다. 그 비율이 무시할 수 없을 정도로 높은 것은 인정하지만. 그러므로 어덜트 칠드런을 '부모와의 관계에서 어떤 형태로든 트라우마를 받았다고 생각하는 성인'이라고 정의할 수 있다.

예를 들면 ACoAP[3]는 '학대하는 부모 밑에서 자라서 어른이 된 사람'이라는 의미이고, ACoD[4]는 '기능부전 가족 안에서 자라서 어른이 된 사람'이라는 의미다.

기능부전이란 기능을 다하지 못하는 것이다. 예를 들어 일중독으로

---

2) Self-Help Group: 자조그룹, 같은 문제를 안고 있는 사람들끼리 모여 서로 자신의 문제나 감정을 이야기하는 가운데 일체의 비판을 하지 않고 서로 들어주며 받아주는 일을 통해 서로를 치유하고 돕는 그룹.
3) Adult Children of Abusive Parents: 어덜트 칠드런 오브 어뷰시브 페어런츠
4) Adult Children of Dysfunctional Family: 어덜트 칠드런 오브 디스펑셔널 패밀리. 디스펑셔널 패밀리는 기능부전 가족이라고 번역된다. 즉 부모로서의 기능을 다하지 못하는 부모가 있는 가족을 말한다.

자녀에게 아무런 관심도 두지 않는 아버지나, 질병으로 갑작스런 입원과 퇴원을 되풀이하는 어머니가 있는 가족 등이 기능부전 가족의 예이다.

술도 마시지 않고 폭력도 휘두르지 않지만 무조건 엄격하고 차기만 해서 자녀들이 무서워 벌벌 떨며 말도 제대로 붙이지 못하는 아버지도 이 부류에 속한다. 자녀에게 손찌검 따위는 하지 않지만 부부싸움이 끊이지 않고 아내가 가출을 자주하는 경우라면 이것도 물론 기능부전 가족이다.

어덜트 칠드런의 문제를 알코올 의존증자의 가족 문제만으로 한정시키지 말고, 다양한 유형의 기능부전 가족 안에서 생긴 가족 내 트라우마의 희생자에게 나타나는 후유증이라는 관점에서 다시 살펴보면 전통적인 정신의학 지식과 어덜트 칠드런이라는 대중 차원의 지혜의 소산과는 서로 제대로 통하지 않음을 알 수 있다.

왜냐하면 트라우마라는 개념이 정신의학적인 관찰에서 탄생하여 차츰 세련된 개념으로 발전한 것으로 우울감과 망상 등 정신의학 고유의 문제에 그 접점을 가지고 있기 때문이다.

한편 ACoA의 개념은 거기서 생긴 셀프 헬프 그룹 활동이나 '이너 차일드[5]의 치유'라는 임상 실천을 매개로 하여 '어덜트 칠드런의 회복'이라는 과제에 해답을 주기 때문이다.

어덜트 칠드런은 진단을 위한 의학용어가 아니다. 사람을 비방 중

---

5) inner child: '내재된 어린 아이'라는 의미. 제5장 참조.

상하기 위한 표현도 아니다. 스스로의 힘든 삶에 대한 원인을 자기 나름대로 이해하려고 노력하는 사람들이 도달하게 되는 하나의 자각이다. 사람은 이 자각을 이용하여 더 효과적으로 자유로운 자기를 만들어내고 그런 자기를 보호하는 것이다.

현대 사회에서 가장 유명한 어덜트 칠드런은 전 미국 대통령 빌 클린턴일 것이다. 그의 어머니는 수차례의 결혼과 이혼을 되풀이했고 그 배우자들 가운데는 술에 취해 폭력을 휘두른 사람도 여럿 있었다.

청소년 시절 빌은 매 맞는 어머니를 감싸서 밖으로 데리고 나와 차갑고 어두운 구석에서 잠을 잔 적도 여러 번 있었다고 한다. 그런데다 그의 동생은 약물중독자이다. 요컨대 빌의 성장과정은 어덜트 칠드런적인 요소가 풍부하다.

대통령 가운데 그런 사람이 더 있을지 모른다. 하지만 빌 클린턴은 자신이 어덜트 칠드런이라는 사실을 깨닫고 있었다.

그는 그 사실을 감추려하지 않고 대통령 선거 중에 그것을 당당히 밝히고 당선되었다. 그러니까 AC의 자각을 가진 최초의 대통령이라는 데 의의가 있다. 이처럼 자신의 성장과정의 문제점에 대해 폭로하는 태도가 유권자의 공감을 얻는 시대가 되었음을 잘 알 수 있다.

한 가지 주의해야 할 점은 ACoA의 경우 부모 세대에 알코올중독자가 있었다는 사실만 문제가 되는 게 아니라는 것이다.

부모 중 한 쪽이라도 알코올중독이었던 부모 밑에서 자라 어른이 된 어덜트 칠드런의 경우 자신은 술을 한 방울도 마시지 않아도 이미 어덜트 칠드런적 삶이 그 또는 그녀의 내면에 잠재해있다. 그래서 자신이 부모가 된 후에 그것이 자신의 아이들 즉, 알코올중독자의 손자에게 영향을 미치는 것이다. 이 점을 엄밀히 밝히기 위해 AGCA[6]라는 용어를 사용하는 경우도 있다.

이처럼 가족구성원 중에 알코올중독자가 있건 없건 관계없이 기능 부전 가족에게는 가족과 공유하는 문제가 있다는 입장에 서면 문제가 되는 당사자가 '아들'이든 '손자'든 중요하지 않다는 결과가 도출된다.

---

6) Adult Grand Children of Alcoholic: 어덜트 그랜드 칠드런 오브 알코홀릭. 알코올중독자의 손자로 자란 사람.

잊혀가는 자녀

어덜트 칠드런을 '잊힌 자녀들'이라 부르는 경우가 있다. 어덜트 칠드런에 대해 쓴 최초의 책은 캐나다의 토론토에서 1969년 출판되었는데 그 제목 또한 『잊힌 자녀들』[7]이었다.

그 후 1981년에 출판된 클라우디아 블랙의 『나는 부모처럼 되지 않겠다』라는 책은 어덜트 칠드런에 대해 정면에서 거론한다. 그러니까 어덜트 칠드런이라는 용어는 최근 약 사십 년 동안 일부 전문가들이 사용했다고 생각해도 된다.

어덜트 칠드런이라는 개념이 이렇게 널리 퍼진 것은 위에서 말한 블랙의 책과 1983년에 출판된 쟈넷 워이티츠의 『어덜트 칠드런 오브 알코홀릭스』[8]라는 책이 밀리언셀러가 되고나서였다.

---

7) Cork, M. : The Forgotten Children. Toronto : Alcohol and Drug Addiction Research Foundation. 1969.
8) Woititz, J. : Adult Children of Alcoholics. Deerfield Beach, FL : Health Communications, Inc, 1981.

이처럼 '잊힌 자녀들'이라는 말은 '어덜트 칠드런'으로 대체할 수 있는데, 도대체 왜 그들을 '잊힌 자녀'라고 부른 걸까? 왜냐하면 그들은 대개 매우 조용하고 착한 아이로 특별히 문제를 일으키지 않는, 그래서 주목받지 못하는 경향이 있기 때문이다.

물론 자신이 알코올 의존증이 되거나 기벽을 가진 사람의 배우자가 되기도 하고, 사회적 일탈을 반복하는 사람도 없지는 않다. 그러나 그들 대부분(블랙은 80%라고 주장)은 오히려 주위로부터 잊힐 만큼 조용한 사람이다.

블랙의 책 속에 여기 소개하고 싶은 열네 살 소녀의 이야기가 실려 있다.

그녀는 아버지와 함께 집에서 30마일가량 떨어진 마을에 야구를 보러갔다. 그런데 아버지는 그녀를 야구장에 내려놓고 자신은 술집으로 가버렸다. 경기가 끝나고 그녀가 차에 탔을 때 아버지는 이미 취해 있었다. 그리고 집으로 가는 도중에 술집 앞에서 다시 차를 세우고 소녀에게 자동차 열쇠를 주면서 '이 차를 타고 돌아가라.'고 말했다고 한다.

차를 직접 운전해 돌아가라는 말이었다. 그러나 소녀는 그때까지 운전을 해본 적이 없었다. 물론 아버지도 그걸 알고 있었다.

할 수 없이 그녀는 그 동안 옆에서 보아온 대로 흉내를 내면서 필사적으로 밤길을 운전하여 집으로 향했다. 이것만으로도 충분히 비참한

데 중요한 건 그게 아니다.

밤늦게 겨우 집에 돌아온 소녀는 어머니에게로 갔다.

"왔어요. 아버지는 술집에 갔으니까 한참 있어야 올 거예요."

이렇게 말하는 소녀에게 어머니는 관심을 거의 보이지 않았다고 한다. 소녀가 운전을 하지 못한다는 사실을 잘 알면서도 어떻게 집으로 돌아왔는지 묻지도 않았다.

아버지가 어느 시간까지 돌아오지 않으리라는 게 분명해진 시점부터 어머니의 머릿속은 술을 마시는 남편에 대한 생각으로 가득 찼을 것이다.[9]

이런 가족 안에서 자란 자녀의 가장 큰 문제는 아버지의 음주문제 자체보다 아버지의 음주에 대한 생각만 머릿속에 가득한 어머니의 시야에서 자녀가 사라져버리는 일이다.

알코올중독자가 아내의 마음을 바꾸기는 아주 쉽다. 그냥 술을 며칠 끊으면 된다. 그렇게 하면 부인은 콧노래를 부르며 정성들인 만찬을 차려 내올 것이다. 우스갯소리는 아니지만 '한 잔 할래요?'하는 말도 하고 집안 분위기는 훨씬 밝아질 것이다. 자녀들은 그런 분위기를 민감하게 느낀다.

반대로 남편이 좀 취하면 아내는 기분이 우울해지고 무기력하고, 무감동 상태에 빠진다. 자녀가 얼마나 무서운 생각을 하는지, 즐거운

9) 이것은 블랙 자신이 겪은 일이라고 한다.

생각을 하는지, 아니면 내일이 소풍가는 날인지, 동물원에 가기로 약속한 날인지 그런 건 안중에도 없다. 즉 자녀는 가장 중요한 부모의 관심을 받지 못하게 된다.

꽃에 햇빛과 물이 필요하듯 자녀에게는 부모의 관심이 필요하다. 이처럼 중요한 요소가 차단된 상태로 성장하면 앞으로 어떻게 될지가 여기서의 문제다.

기능하지 않는 가족

건강한 가족의 기능은 아이에게 '안전한 기지'가 되는 것, 그 안에서 스스로 '자기'를 충분히 발달시킬 수 있어야 한다는 것, 이것이 건강한 가족의 기능이다.

그러므로 기능하는 가족은 자녀에게 책임을 느끼게 하거나 자녀를 위협하는 부모나 부모 대리가 없다.

기능하는 가족의 자녀는 가족 안에서 일정한 역할을 강요당하는 일도 없고 부모의 가치관을 억지로 주입받는 일도 없다.

가족 간에는 필요한 벽이 있더라도 그 벽에 환기구나 문이 있어서 바깥 공기가 자유롭게 드나든다. 때로는 외부의 인물도 그 문을 통해 들어온다. 가족 안에서는 말하면 안 되는 게 없고 바깥 세상에 대해 비밀로 간직할 일도 없다.

이런 가족 안에서 자녀는 본 것과 느낀 것을 기탄없이 말하고, 두려워하고, 화내고, 불안해하고, 궁금한 것이 있으면 어른들에게 묻는다. 보고 느낀 것을 말로 전하는 과정에서 자녀의 마음이 자란다.

하지만 비밀이나 규칙에 얽매여 꼼짝달싹 못하는 가족은 본 것도 보지 않은 것으로, 느낀 것을 느끼지 않은 것으로 치부하는 일이 일상적으로 일어난다. 그 결과 함부로 말해서는 안 된다. 나아가 이야기하는 데에 죄책감이 드는 독특하고 이상한 분위기가 만들어진다.

그 안에서 자라는 자녀는 이치에 맞지도 않는 규칙에 매여 아이의 마음(자기)의 발달은 어느 단계에서 멈춘다. 어덜트 칠드런을 세상에 내놓는 가족(기능부전 가족)이란 그런 가족을 말한다.

<표1>은 미국의 테라피스트 크리츠버그가 『ACoA 증후군』[10])이라는 책에 정리해 둔 알코올중독자를 가진 가족과 건강한 가족과의 차이점이다. 그러나 알코올중독 문제가 있고 없고를 떠나 기능부전을 일으키는 가족은 모두 <표1>에 있는 것과 같은 특징을 가지고 있다.

기능부전 가족은 전체주의 국가나 종교 숭배처럼 가족구성원 개개인을 구속하여 일정한 규칙 아래서 생활하기를 강요하고 개인의 사생활을 가벼이 여긴다.

특히 그 피해를 당하는 사람은 자녀들이고 부모로부터 유형무형의 침입을 당하다가 결국에는 집안의 규칙에 스스로를 구속시키는 '착한 아이'가 되는 경향이 있다.

그들은 질식할 것 같은 기분을 느끼면서도 가족을 떠날 수 없고

---

10) Kritsberg, W. : The Adult Children of Alcoholics Syndrome. Health C-
ommunications, Pompano Beach ; FL, 1985

〈표1〉 기능하고 있는 가족과 기능부전 가족의 차이

기능부전 가족	기능하고 있는 가족
딱딱한 규칙이 있다.	딱딱한 규칙이 없다.
강요된 역할이 있다.	강요된 역할이 없다.
가족이 공유한 비밀이 있다.	가족이 공유한 비밀이 없다.
가족에 타인이 끼어드는 데 대해 저항한다.	가족 안에 타인이 들어오는 걸 허용한다.
고지식하다.	유머와 센스가 있다.
가족구성원의 사생활이 없다 (개인 간의 경계가 애매하다).	가족구성원끼리 개인의 사생활을 존중하고 자기라는 감각을 발달시킨다.
가족에 대한 거짓 충성(가족구성원은 가족에게서 떠나는 게 허용되지 않는다).	각 구성원은 가족이라는 감각을 가지고 있지만 가족에게서 떠나는 것도 자유롭다.
가족구성원 간의 갈등은 부인, 무시된다.	가족구성원간의 갈등은 인정하고 해결을 시도한다.
변화에 저항한다.	늘 변화하고 있다.
가족은 분단되어 통일성이 없다.	가족에게 일체감이 있다.

가족의 현재 상황을 기어코 지키려고 한다. 이런 노력이 거듭되는 가운데 자녀들은 기능부전 가족을 유지하기 위한 일정한 역할을 강요 당하고 계속해서 그 역할을 연기하게 된다. 다음 chapter에서 소개하 는 것은 그런 역할 가운데 전형적인 것들이다.

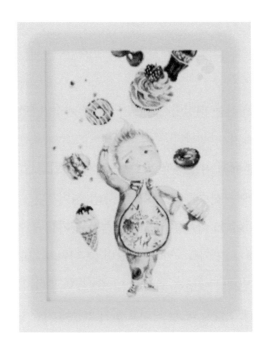

배고파 고통 받는 어린이

LP1610090176_유정자_배고픈 아이의 고민_저작권위원회

가족 안에서 자녀들의 역할

 히어로(영웅)

우선 '히어로'라는 역할이 있다. 기능부전 가정의 자녀에게서 특히 대단한 히어로가 탄생한다.

예전에 일본에서 유행하던 만화 가운데 「거인의 별」이 있었는데 거기 나오는 야구선수가 바로 그런 류의 히어로다.

야구뿐만 아니다. 아무튼 세상에서 높은 평가를 받으며 누구나 인정해주는 자녀가 그 가족 안에서 나오면 그 아이의 그런 활약에 관심을 집중하여 부모의 냉랭한 관계가 일시적으로 좋아지기도 한다. 그렇게 되면 자녀도 더욱 더 잘 하려고 하기 때문에 차츰 한 가지 재주에 뛰어난 사람, 바로 히어로가 되는 것이다.

희생양

히어로의 정반대되는 것이 '희생양'이다. 가족 안의 잘못을 전부

짊어지는 자녀다.

무슨 일이든 이 아이만 없으면 모든 게 원만해질 거라는 환상을 다른 가족구성원에게 갖게 함으로써 가족의 진짜 붕괴를 막고 있는 존재다.

병이 났다 하면 이 아이, 어딜 다쳤다 하면 이 아이, 학교에 불려갔다 하면 이 아이의 장난이나 말썽 때문이고, 이웃 아이의 부모가 화를 내며 따지러 왔다 하면 이 아이가 원인, 모든 게 이 아이 때문이다.

예전에 일본에서 여고생을 콘크리트에 묻은 살인사건[11]이 있었다. 그 사건의 무대가 된 집의 소년도 이런 부류의 아이였을 것이다. 그 집의 장남과 차남이 바로 히어로나 희생양 역할을 보여주는 전형적인 인물로 판단된다.

당시 히어로는 재수생이었는데 어머니는 오로지 그 아이가 상처받게 하지 않겠다는 마음으로 희생양의 살인사건에도 무관심한 척했다고 한다.

제4장에서 소개할 지우(가명)도 오랫동안 가족의 희생양역할에 충실했다. 그는 한동안 '정신분열증'이라는 진단을 받고 약물을 복용했는데 이런 유형의 질병을 앓는 것도 희생양의 역할 중 하나다.

비행, 시너 흡입부터 정신병까지 희생양은 쉴 틈이 없다.

---

11) 1989년 1월 도쿄에서 10대 후반의 소년들이 여고생을 감금, 살해한 사건

없는 아이(잊힌 아이)

히어로나 희생양처럼 드러나지 않고 '없는 아이'라는 존재방식을 취하는 아이들도 있다. 이들은 '벽의 얼룩'이라고도 불린다.

조용하여 문자 그대로 '잊힌 아이'다. 온가족이 함께 뭔가 하려고 할 때도 그 아이의 모습은 없다. 처음 얼마동안 있었는가 싶다가 그림자도 없이 어딘가로 사라져버린다. 그리고 그가 없어졌다는 것을 아무도 알아차리지 못한다. 이런 방식으로 가족 내의 인간관계를 떠나 자신의 마음이 상처 입는 걸 피하는 것이다.

이런 자녀도 중학생 정도가 되면 학교에서 많은 일이 생겨서 이런 식의 '없는 존재'에도 숙련되어 간다.

위로자 역할

위로자 역할을 연기하는 자녀가 위로하는 사람은 일가 안에서 늘 어두운 얼굴을 하고 한숨을 쉬는 어른이다.

대부분이 어머니다. 남편의 음주나 폭력에 대한 생각으로 가득 차 있는 어머니의 어깨에 손을 얹고 '무슨 일 있어요?'하고 다정하게 묻는 아이이기 때문에 이들을 '어린 카운슬러'라고 부른다.

대부분의 경우 막내가 이 역할을 맡는다.

광대 역할

위로자 역할의 아류로 '광대역의 자녀'가 있다. 부부 사이에 말다툼

이 시작되어 가족 안에 긴장이 감돌면 갑자기 엉뚱한 질문을 퍼붓거나 노래를 흥얼거리거나 분위기를 얼버무리려고 춤을 추기도 하는 그야말로 광대 같은 역할을 하는 아이다.

평소에도 이 아이는 가족 안의 애완동물 같은 존재로 스스로도 그걸 즐기는 것처럼 보인다. 그러나 광대 가면 뒤에 가려진 그의 얼굴은 늘 쓸쓸하다.

지주 역의 아이

지주 역할의 아이는 어릴 때부터 다른 사람을 위해 부산하게 돌아친다. '대리 부모'라고도 불리며 자녀들 가운데 장남이 이 역할을 맡는 경우가 많다. 장남이 히어로나 희생양 역할을 맡아 겨를이 없으면 그 아래 장녀가 이 역할을 맡는 경우도 있다. 어머니 대신 어린 동생들을 보살피는 역할도 하고 구제불능인 아버지의 역할을 보완하여 집안에서 아버지 역할을 하기도 한다.

남자아이가 이 역할을 맡으면 의존적인 어머니와의 사이에 '마치 부부 같은' 관계가 형성되기도 한다. 이것이 소위 정서적 근친상간이다. 어머니가 없거나 무능력하여 여자아이가 이 역할을 맡는 경우에는 한층 더 심각한 사태가 발생한다. 이 경우 아버지와의 관계가 '마치 부부 같은' 사이로 발전하여 아버지에 의한 성 학대를 야기하는 일이 있기 때문이다.

이런 것이 남자와 여자의 성행동에 나타나는 차이이다. 어머니와 아들과의 성관계는 실제로 거의 발생하지 않는다. 하지만 아버지는 딸을 성적 대상으로 삼는 경우가 있다.

이 밖에도 여러 가지 역할이 있지만, 어쨌든 자녀들은 이런 여러 가지 역할을 감당하면서 커간다.

이들 자녀들에게 공통되는 점은 자신의 상황이 아니라 집안의 분위기, 어머니의 안색, 아버지의 비위 맞추기 등을 우선시하는 것이다. 얼핏 보기에는 그렇지 않을 것 같은 비행자녀 형 희생양조차 그렇다. 제4장에 나올 지우와 같이 자녀의 폭력이 부모의 폭력을 완화시키거나 이혼을 방지하기도 하는 등의 경우는 오히려 예삿일이다.

그러나 그들이 이 사실을 의식하고 있다고는 생각하지 말기 바란다. 이들은 '무의식의 언어' 즉 '행동'으로만 표현하기 때문에 그 행동에 대한 전문적인 '해독 기술'을 이용하지 않는 한 그들이 전하고 싶은 내용을 알 수가 없다. 그들 스스로도 알지 못한다.

이러한 삶의 결과로 그들은 자신의 감정을 느낄 수가 없다. 자신의 욕망을 가질 수가 없다. 자신의 욕망을 도외시한 채 다른 사람의 욕망을 자신 안에 받아들여 그것을 자신의 욕망인 것처럼 여기며 살아가는 것이다. 즉 그들은 공의존자이다.

'자신의 욕망'이라는 내용을 빼면 로봇 같은 사람이라고 할 수밖에 없다.

어덜트 칠드런의 감정과 행동

이상에서 살펴본 바와 같은 생활방식은 그들의 가족 안에서만 적용할 수 있다. 그래서 그들이 성장하여 집을 떠나는 단계부터는 당혹하기 마련이다. 혼자 하숙하면서 나머지 시간에는 공부해야 하는 상황이 되면 심심하고 지루하고 공허하다.

자신의 보살핌을 기대하는 것처럼 보이는 유형의 사람이 나타나면 그 사람을 보살피는 데 몰입한다. 새로운 공의존적 관계를 만드는 것이다. 그러한 인물이 적당한 시기에 나타나지 않으면 알코올이나 약물, 도박 등으로 지루함을 달래려고 한다.

특히 알코올이나 약물에 대한 탐닉은 거기에 탐닉함으로써 '본래의 자신', '욕망을 가진 자기'를 되찾은 것 같은 기분으로 만들어 주기 때문에 이런 유형의 사람들이 빠져들기 쉽다.

이렇게 하여 이 자녀들은 공의존자인 어른이 되던가, 기벽을 가진 어른이 되던가, 아니면 양쪽을 다 갖추던가, 그렇지 않으면 정신장애

	ACoA의 특징
1	무엇이 정상인가를 추측한다('이거면 돼'하는 확신을 갖지 못한다).
2	사물을 처음부터 끝까지 완수하기가 곤란하다.
3	사실을 말하는 게 편할 때도 거짓말을 한다.
4	인정사정없이 자신에게 비판을 가한다.
5	좀처럼 즐길 수가 없다.
6	지나치게 진지하다.
7	친밀한 관계를 갖기가 매우 어렵다.
8	자신이 컨트롤할 수 없다고 여기는 변화에 과잉 반응한다.
9	타인에게 긍정이나 납득을 늘 요구한다.
10	다른 사람은 자신과 다르다고 늘 생각한다.
11	항상 책임을 지나치게 느끼거나 지나치게 무책임하다.
12	과도하게 충실하다. 무가치한 것을 알면서도 계속 구애 받는다.
13	충동적이다. 다른 행동이 가능하다는 생각을 하지 못하고 한 가지 일에 스스로를 가둔다.

출전: 쟈넷 워이티츠 『Adult Children of Alcoholics』

자로 살아간다. 이들은 어떤 유형이든 어덜트 칠드런의 길을 걷게 된다.

<표2>는 사춘기 이후 성인 단계에 들어선 어덜트 칠드런에게서 볼 수 있는 감정생활의 특징을 표로 정리한 것이다. 지금부터 이 표와 관련 지어 서술하겠다.

어덜트 칠드런은 주위에서 기대하는 대로 행동하려고 애쓴다

이상과 같은 식으로 자라기 때문에 어덜트 칠드런은 주위의 분위기를 파악하고 남들이 기대하는 대로 행동하려고 한다. '버림받는 데 대한 불안'의 위협을 늘 받기 때문이다. 그 결과 항상 다른 사람의 평가에 신경 쓰고 상처를 받는다.

그 중에는 의사나 상담자에게 치료를 받고나서도 더 우울하고 무기력해지는 사람이 있다.

치료자들에게 버림받는 것이 두려워 자신을 환자로 여기는 치료자의 시선에 맞추려 들기 때문이다.

<표2>에 든 ACoA의 특징 가운데 1 무엇이 정당한가에 대해 확신을 갖지 못하고, 4 인정사정없는 자신 비판, 6 지나치게 성실하고, 12 지나치게 충실하다 등의 항목은 '주위의 기대를 예측하고 그에 부응하려는 삶'에서 생기는 것으로 ACoA뿐 아니라 어덜트 칠드런 전반에 걸쳐 볼 수 있다.

어덜트 칠드런은 아무것도 하지 않는 완벽주의자다

어덜트 칠드런이란 자기 평가가 극단적으로 낮아 자존심에 상처를 받은 사람이다. 그것이 그들을 완벽주의자로 몰아가고 그 결과 오히려 아무것도 할 수 없게 되는 경우가 많다. <표2>의 2 무엇을 해도 처음부터 끝까지 해내지 못한다, 11 늘 지나치게 책임을 느끼거나 지나치게 무책임하다 등의 항목에서 언급하고 있는 행동 특징은 여기서 비롯된다.

뭔가를 하면 자신 안에 엄격한 비판의 목소리가 그 성과를 깎아내리기 때문에 두려워서 엄두를 내지 못한다. 더구나 다른 사람에게 비판당하거나 비평을 받으면 그것이 설사 온당한 의도였더라도 혹독한 비난으로 들리는 것이다.

타인의 평가는 대개 이런 유형의 사람을 기죽게 만든다. 더구나 다른 사람의 노골적인 질책이나 분노의 목소리는 그들을 상상 이상으로 위협하고 나아가 극단적인 행동으로 몰아간다.

어덜트 칠드런은 거만하고 과장된 생각(망상)을 가지고 있다

어덜트 칠드런 중에는 거만하고 과장된 경향이 두드러지는 사람도 있는데 이것은 그들의 유아적이고 자기애적인 거만한 경향(과대망상)에서 유래한다. 그러면서 동시에 성인으로서의 자신에 대한 평가가 낮고 타인에게 자신의 진가가 알려지는 것을 두려워하고 부끄러워하는 데서도 유래한다.

어덜트 칠드런의 지나친 자기애적 성향은 자신이 그 자리의 중심에 놓이지 않으면 외로워지거나 화가 끓어오르거나 하는 데서 나타난다.

위아래가 없는 대등한 관계는 그것이 겉보기에 아무리 친밀하게 보여도 어덜트 칠드런에게는 답답하다. 위화감을 느끼고 그게 지나치면 그 관계에서 도망쳐버린다.

어덜트 칠드런이 혼자 고고한 척 허세를 부리고 행동도 고상하게 하면서 주위 사람들을 저속하고 무지하다고 매도하는 것은 그렇게 함으로써 자신을 따르는 사람만 주위에 모으려고 하기 때문이다. 이런 유형의 오만을 가진 사람이 다른 사람의 조언을 따르기는 애당초 힘들다. 이러한 어덜트 칠드런들은 다른 사람들을 모두 '완고하다'고 말한다.

어덜트 칠드런은 'No'라고 말하지 못한다

어덜트 칠드런은 버림받는 것을 두려워한다. 그래서 다른 사람의 권유나 요청에 '노(No)'라고 말하지 못한다. <표2>의 3 사실을 말하는 게 편할 때도 거짓말을 한다는 이런 유형의 '노라고 말하지 못해서 생기는 거짓말'인 경우가 많다.

무엇이든 다른 사람이 말하는 바대로 되기 위해 생각지도 못한 사건이나 범죄에 휘말려들기도 한다. 그런 결과가 되지 않는 경우라도 다른 사람이 말하는 대로 되는 관계가 부담이 되어 결국 혼자 틀어박히게 된다. 요컨대 인간관계를 오래 지속하지 못하고 행동에 일관성이 없다.

어덜트 칠드런들은 대개 고독하다며 외로움을 호소한다. 그들은 언제 어디서나 남들이 자신에게서 멀어져가 혼자가 된다고 말하지만 그것은 그들이 그런 상황을 만들기 때문이다.

어덜트 칠드런은 집착과 애정을 혼동한다

어덜트 칠드런은 가족에 대한 공포 때문에 자기보다 약한 사람, 자기의 보살핌을 기다리는 사람을 만나면 그 사람을 지배하며 떠나지 못하도록 하려고 한다. '공의존적으로' 집착하는 것이다.

공의존은 '거짓 친밀성'이다. <표2>의 7에서 말한 것처럼, 어덜트 칠드런은 공의존적으로 다른 사람에게 접근하기 때문에 친밀한 관계를 즐길 수가 없다.

즉, 어덜트 칠드런은 지배욕을 애정과 혼동하는 경향이 있다. 이것은 '어덜트 칠드런은 질투가 심하다'고 바꿔 표현해도 될 것이다. 이런 이유로 남녀 관계에서 혼란이 일거나, 동료나 부하와의 알력도 발생한다.

어덜트 칠드런은 피해망상에 빠지기 쉽다

앞에서 말한 대로 어덜트 칠드런은 스스로를 평가하는 데 매우 인색하다. 그렇기 때문에 타인에게 좋은 평가를 받고 있다는 생각을 좀처럼 하지 못한다. 그래서 타인의 말이나 행동의 배후에 숨긴 악의를 간파하려는 '마인드 리딩[12]'을 끊임없이 한다.

여기서 한발자국 더 나아가면 망상에 이르는 위험한 상황이지만 대부분의 어덜트 칠드런은 이 방식을 애호한다. 이것이 어덜트 칠드런을 더욱 고립시키고 그 고립이 그들의 자존심을 더욱 더 낮추는 악순환에 빠뜨린다.

<표2>의 10 타인과의 차이를 찾으려는 경향은 여기서 설명하는 것과 같은 타자불신의 한 가지 표현이다. 그것은 워이티츠가 생각한 이상으로 깊은 병리성에 그 뿌리를 두고 있다.

어덜트 칠드런은 표정이 빈약하다

어덜트 칠드런은 불안, 슬픔, 외로움, 분노, 기쁨 등의 감정을 알아차리는 게 서툴다.

왜냐하면 그것을 함부로 표현했다가는 살아남지 못할 것 같은 마음으로 계속 살아왔기 때문이다.

---

12) mind reading, 공상적 독심讀心

그 결과 그들의 표정은 항상 빈약하다. 그러다 보니 그 중에는 가면을 쓴 것 같은 사람도 있다. [13]

어덜트 칠드런은 즐기지 못하고 놀지도 못한다

<표2>의 5에서 지적했듯이 어덜트 칠드런은 생활 안에서 재미를 찾는 것이 서툴고 권유를 받아들여 밖에 놀러 나가서도 다른 사람이 자신을 어떻게 생각하는지에만 정신이 팔려 제대로 즐기지 못한다. 결국 혼자서 방에 틀어박히는 일이 잦아지고 이것이 앞에서 말한 타자 불신을 더욱 심화시킨다.

어덜트 칠드런은 ~척한다

어덜트 칠드런은 불성실하고 거짓말쟁이다. 재미있지 않은데도 재미있는 것처럼 행동하고 화가 나는데도 신경 쓰지 않는 척한다. 우선 자신에 대해 거짓말을 하고 자연스러운 감정을 눌러 참고 살아간다.

분노나 질투와 같은 감정들은 '자연히 솟아나는' 것이다. 굳이 비유를 하자면 '방귀' 같은 것이다. 그런 것에까지 일일이 책임을 느끼거나 죄책감을 가질 필요가 없다는 것을 그들은 알지 못한다. <표2>의 8에서 말한 것이다.

---

13) 제7장에서 설명할 '그리프 워크'의 효과 가운데 하나가 바로 그들의 표정을 살리는 일이다.

어덜트 칠드런은 필요에 떠밀려 '공의존적 자기'를 터득했다. 이것은 '거짓 자기'라고도 부르는 것으로 옆에서 보면 답답할 것 같지만 그들에게는 필사적으로 구한 구명보트 같은 것이기 때문에 이로부터 떨어지려고 하지 않는다. 이러한 그들을 '새로운 성장'으로 이끌기는 아주 힘들다.

치료 상황 이외의 장면에서 보아도 그들은 보수적이고 눈에 띄게 완고하다. 그때까지 살아온 생활습관을 고집하고 그것이 아무리 부적절해도 바꾸려하지 않는다. 더구나 타인이 억지로 시키는 변화에는 반발한다.

어덜트 칠드런은 오랫동안 부모의 개입을 받으며 살아왔기 때문에 타인이 변화에 대한 권유를 하면 개입하는 것처럼 느낀다.

어덜트 칠드런은 타인에게 인정받기를 갈망하고 외로워한다

'당신의 지금 그대로의 모습이 나의 사랑과 관심의 대상이다.'라는 말을 타인에게 듣고 싶어 하는 것은 누구나 마찬가지다.

그러나 어덜트 칠드런의 경우에는 자기 평가가 지나치게 낮기 때문에 '지금 그대로의 모습이 좋다.'는 타인의 말을 그대로 받아들이지 못한다.

잘 받아들이지 못하기 때문에 그런 말을 듣고 싶은 욕망이 더욱 커지는 상태를 워이티츠는 <표2>의 9 타인에게 긍정이나 받아들여지기를 늘 갈망한다는 예로 든 것이다.

　타인에게 '있는 그대로의 자기를 수용' 받지 못하는 데서 일찌감치 실망해버리기 때문에 어덜트 칠드런은 늘 '외로움'이라는 고통을 가지고 살고, 이것이 그들에게 인생은 괴로운 것, 살아갈 가치가 없는 것으로 느끼게 한다.

　그 실망은 '사랑을 구하는 타인'에 대한 분노나 원망을 축적시키고 때로 축적된 분노나 원망이 폭발하는 일도 있다.

　다음 장의 '사춘기 청소년들의 부모학대(소위 가정 내 폭력)'에서 다시 언급하겠지만 이것을 격화시키는 것은 어덜트 칠드런의 바로 이런 부분이다.

　그러나 이런 유형의 분노의 폭발이 사춘기의 어덜트 칠드런에게만 일어나는 현상이라고 단정하기는 힘들다.

　제3장에서 설명할 아내나 애인에 대한 남자들의 끔찍한 폭력의 원인도 여기에 있다. 피해자(아내나 연인)가 이런 어린애 같은 메시지를 성인 남자가, 더구나 폭력을 통해 전한다고는 생각하지 못하기 때문에 당황하는 경향이 있다.

　물론 모든 어덜트 칠드런이 이런 분노나 원한을 폭력으로 분출하는 건 아니다. 그들 대부분은 조용히 일생을 보낸다. 그러나 그런 경우에도 그들의 마음속 깊은 곳에는 이런 종류의 격렬한 분노가 잠들어 있고 그것이 어덜트 칠드런 특유의 우울함과 무력감으로 나타난다.

천식이나 궤양성 대장염[14] 등의 심신증으로 발현되거나 과식, 거식증, 약물중독, 도박의존 등의 기벽 형태를 띠기도 한다.

어덜트 칠드런은 자기 처벌이라는 기벽을 갖고 있다

다른 사람들이 보기에 이상하게 보이는 어덜트 칠드런의 행동을 설명하는 하나의 열쇠는 그들이 겸비한 자기처벌 성향이다. 워이티츠는 이것을 <표2>의 4에 '가차 없이 자신을 비판한다.'고 표현했다.

어덜트 칠드런은 부모를 위해 살아온 삶이기 때문에 자신이 부모의 기대에 어긋났다는 것을 깨달으면 자기처벌 감정에 사로잡힌다. 이는 결과적으로 '자기처벌 망상' 단계까지 이르는 매우 위험한 감정이다.

구체적인 예로는 과식증 소녀들에게 종종 나타나는 도벽 따위가 이에서 유래하고 있고, 그녀들이 좋아하는 '손목 베기'라는 자해행위의 원인 중 하나이기도 하다.

도벽의 경우 절도 → 체포 → 처벌이라는 사슬 안에서 그녀들의 관심을 끄는 것은 절도가 아니라 '처벌'이다. 바로 그런 이유로 이런 소녀들은 '잡힐 때까지' 계속 훔치는 것이다.

그러나 이런 사실을 좀도둑 소녀 스스로가 깨닫고 있다고는 말할 수 없다.

그것은 많은 경우 의식이 결여된 '행동(무의식의 언어)'의 형태를

---

14) 궤양성 장염. 난치병의 하나로 원인불명으로 여겨지고 있다. 대장에 궤양이 생겨 설사가 계속된다.

띤다. 즉 사랑하는 사람에게 보내는 구원의 메시지다. 자기처벌 망상은 소위 '가정 내 폭력'을 휘두를 때 이 망상을 격화시키는 중요한 요인의 하나이기도 하다.

자기처벌 망상은 이러한 절박한 상황 속에서만 나타나는 것은 아니다. 그들의 우울이나 무기력, 입버릇처럼 죽고 싶다고 하는 모습에서도 볼 수 있고, 자기 파괴적인 알코올이나 약물 사용도 여기에서 비롯된다.

이들 약물 의존자는 '더 이상 깨어나지 않아도 된다.'는 식의 자기처벌과 자살 원망顧望[15]에 탐닉하여 정신을 차리지 못한다.

여성에게 보이는 거식증이나 과식증의 배경에도 이런 심리가 감추어져 있다.

그러나 옆에서 보기에 가장 기묘한 어덜트 칠드런 특유의 경향은 '달성 후의 우울'이라고 불리는 현상일 것이다. 어덜트 칠드런은 그들이 갈망하던 결혼이나 취직을 한 후에 이상하게도 심각한 우울과 무기력에 빠지는 경우가 많다. 이것은 그들의 자기처벌 경향과 연관 지어 설명할 수 있다.

어덜트 칠드런은 우울하고 무기력을 호소한다

어덜트 칠드런은 우울하고 무기력을 호소한다. 그런 한편으로는

---

15) 많은 경우 무의식 차원의 것이지만

심신증이나 기벽 행동으로 치닫기 쉽다.

이에 대해서는 '인정받고 싶은 소망'과 '자기처벌'에 대해 설명한 부분에서 이미 언급했다.

어덜트 칠드런은 항상 타인에게 인정받지 못하는 분노와 '쓸쓸함'을 안고 그 분노를 심신증으로 전환하거나 고통[16]을 '지루함'으로 감정둔감 시킨다.

어덜트 칠드런의 감정의 기저에 있는 것은 그런 이유로 인한 '우울증'이다. 만약 이런 사람들이 쾌활하게 지낸다면 그것은 대부분 그런 척하는 경우다.

그리고 지루함에서 기벽으로 넘어가는 길은 아주 가깝다. 기벽의 대상으로는 물질, 행위, 인간이 있다. 물질에는 알코올, 약물, 음식 등이 있고, 행위에는 일, 도박, 절도, 쇼핑, 식사 등이 있다. 인간에는 연애, 기벽, 공의존, 자녀에 대한 개입 등이 포함된다.

어덜트 칠드런에게는 이인감이 따르기 쉽다

이인감이란 '자기가 자기 같지 않은 느낌', '자기가 왜 여기 있는지 알 수 없는 느낌', '자기와 외계가 얇은 막으로 격리되어 있는 느낌', '자신의 행위가 자신이 한 것으로 느껴지지 않고 그것을 막연히 보고 있는 또 다른 자기가 있는 느낌' 등을 말한다. 이것은 타인에게 설명하

---

16) 인간에게 있어서 '외로움'이라는 고통만큼 참기 어려운 건 없다

려고 해도 좀처럼 잘 전달되지 않는다.

그들이 '나는 다른 사람들과 다르다'고 느끼는 한 가지 이유는 이 '이인증' 때문이다.

정신과 의사와 상담하면 '우울증'의 부분 증상으로 치부하거나 '정신분열증'의 초기 증상으로 오진하여 항 우울제나 향 정신병 약을 투여하기도 한다. 물론 그런 걸로는 개선되지 않는다.

어덜트 칠드런은 이밖에도 지금까지 살아온 자신의 생활 가운데 생각나지 않는 부분이나 인격으로부터 해리된 부분을 많이 가지고 있다. 이것은 제4장에서 설명할 '해리성 장애'라고 부르는 것으로 이인증도 그 한 부분이다.

해리성 장애의 많은 경우는 가족 내 트라우마[17]를 원인으로 하여 발생하는데 그 중에서도 '만성쇼크'라 불리는 것이 가장 일반적이다.

---

17) 가족의 노골적인, 혹은 잘 보이지 않는 학대

잃어버린 기억 — 만성쇼크

어린이는 어떤 종류든 트라우마와의 만남은 피할 수 없다. 그리고 트라우마는 아이에게 호흡을 억제하거나 심장이 두근거리는 생리학적 반응과 감정둔감과 같은 정서적 반응인 쇼크반응을 불러온다.

예를 들면 거실에서 부부싸움을 하면서 화가 난 어머니가 접시를 내던졌다. 그것이 유리문을 맞고 유리와 접시가 깨지는 소리가 났다. 아버지도 화를 내고 집을 나가면서 현관문을 쾅 소리가 나도록 닫았다. 자신의 방에 있던 어린 딸은 눈에 보이지는 않지만 부모의 고함소리와 '쨍그랑, 쾅' 하는 소리를 들으면 당연히 충격을 받는다. '머릿속이 하얗게' 되기도 한다.

여기까지는 어느 가정에나 다 있는 일은 아니더라도 간혹 있는 일이다. 그런 사건이 있었다고 해서 모두가 기능부전 가족이라고 말할 수는 없다. 오히려 그 후가 문제다.

아이는 머릿속이 하얘진 상태에서 '감정이 되살아나 불안해'하고 그 '불안을 어떻게든 삭이고 싶기' 때문에 거실을 엿보러 간다. 이 단계에서 가족기능이 유지되는 가족과 기능부전을 일으키는 가족과의 차이가 나타난다.

가족기능이 건전하다면 불안해하는 아이를 발견한 어머니가 우선 다가와 껴안아줄 것이다. 이어서 거실에 남아있던 어머니가 무슨 일이 있었는지에 대해 아이에게 설명해줄 것이다.

"아빠가 이렇게 말해서 엄마가 화가 났어. 미안해, 놀랐지? 하지만 싸울 수도 있는 거야. 아빠도 곧 돌아오실 거야."

"난 너무 놀라서 심장이 멎는 줄 알았어."

"정말 미안하다. 놀라게 해서."

어머니가 이렇게 말하면, 아이는 이에 대해 울먹이며 대답한다. 그것을 본 어머니는 그날 밤 딸을 데리고 계속 같이 지낸다. 딸은 평소보다 더 어린애처럼 응석을 부리고 어머니와 같이 자려고 할지도 모른다.

다음 날 아침 딸이 식탁으로 가면 아버지는 이미 거기에 앉아있을 것이다. 딸은 아버지에게도 어젯밤 이야기를 듣는다.

"엄마가 접시를 깨다니 좀 히스테리였지?"

이렇게 말하며 아버지는 웃을 것이다.

아버지와 어머니는 평소처럼 사이좋게 지내기 때문에 딸은 온전히 안도감을 가질 수 있다. 그리고 '어젯밤 같은 일도 있을 수 있구나.

그렇다고 내 울타리가 무너지는 건 아니구나.'하는 느낌을 가질 것이다. 딸은 쇼크와 함께 그에 대한 치유를 통해 하나의 소중한 체험을 얻었을 것이다.

그러나 기능부전 가정에서는 상황이 이렇게 진정되진 않는다.

딸이 거실을 들여다보면 어머니가 말도 없이 바닥에 흩어진 유리조각이나 깨진 접시조각을 줍고 있다. 그런 정경만 눈에 보일 뿐 거기에 대한 아무런 설명이나 대화도 없다. 딸의 불안한 마음은 어디에서도 치유 받지 못한다.

딸은 넋을 잃고 그 자리에 서 있다가 시간이 좀 지나면 '이제 아빠는 돌아오지 않겠구나.'하는 자기 나름의 해석을 하고 울적해서 자기 방으로 돌아간다.

이 어린 소녀에게 이러한 불안이나 의혹에 맞설 힘을 기대할 수는 없다. 소녀는 '머릿속이 새하얗게' 되거나 '아무것도 느끼지 않는' 감정둔감 속에 빠져들어 간다.

다음 날 아침 딸이 식탁으로 가면 아버지와 어머니는 평소처럼 식탁에 앉아있긴 한다. 그러나 마치 어젯밤엔 아무 일도 없었다는 듯 아무런 설명도 해주지 않는다. 딸의 불안한 마음은 치유되지 않고 '어젯밤의 일을 입 밖에 내서는 안 된다.'는 부모가 결정한 규칙만 딸의 의식을 지배하게 된다.

이윽고 이 불쾌한 기억은 회상할 수 없게 된다. 이 일은 딸의 생활과정의 일부 즉, 인격의 중요한 일부가 결손 되었다는 것을 의미한다.

그러나 딸을 놀라게 한 쇼크는 신체의 기억으로서 각인되어 남아있다. 딸은 사람들의 고함소리나 '쨍그랑, 쾅' 하는 소리를 들을 때마다 '머릿속이 새하얗게' 되는 어른으로 자랄 것이다. 앞서 소개한 크리츠버그는 이것을 '만성쇼크'라 부른다.

어떤 가정에서는 이러한 사건이 일상다반사로 되풀이된다. 그럴수록 트라우마는 차마 눈뜨고 볼 수 없는 공포를 불러일으키는 것이 되기도 한다. 그것은 아버지가 휘두른 폭력 때문에 구타를 당하고 쓰러져 피 흘리면서 혼절한 어머니를 봐야하는 일일지도 모르고, 또 그 어머니로 인해 이유를 알 수 없는 학대상황에 놓이는 일일지도 모른다. 육친이나 타인에게 성적 능욕을 당하는 경우도 있을 것이다.

이탈성 장애는 이들 트라우마에 동반되는 불안, 공포, 분노 등이 감정둔감을 통해 소거되거나 회상 불가능한 체험으로서 인격에 통합되지 못했던 사람에게 일어나기 쉬운 현상이다. 여기서 말하는 어덜트 칠드런인 사람들의 이야기를 잘 들어보면 그들 대부분에게서 이인증이나 이인감을 볼 수 있다.

만성쇼크는 치유 받아야 한다. 그러기 위해서는 각자의 어린 시절에 받은 트라우마와 쇼크로 다시 돌아가 당시의 사실과 그에 따르는 정서를 회상하는 작업이 필요하다. 또 그러기 위해서는 그런 고통스런 작업이 가능한 '안전한 장소', '안전한 인간관계'를 확보하는 준비가 반드시 필요하다.

정신의학으로 본 어덜트 칠드런

지금까지 언급해온 어덜트 칠드런에 관한 관찰을 워이티츠의 것과 비교하면서, 이 책의 내용은 어덜트 칠드런의 병리성이 깊은 부분 ─ 망상, 우울, 해리성 장애, 가족 내 폭력, 기벽 등 ─ 에 더 큰 관심을 기울이고 있다는 것을 이해했을 것이다. 이것은 어덜트 칠드런이라는 개념을 정신의학이라는 관점에서 다시 파악하려고 했기 때문이다.

현대의 정신의학에 어덜트 칠드런이라는 관점은 없다. 그것은 충분하다고는 할 수 없지만 PTSD[18]라는 견해 안에 포함된다.

가족 내 트라우마 후유증에 대해서는 제4장에서 언급할 것이므로 이번 Chapter에서는 어덜트 칠드런의 특징을 정신의학이 어떻게 체계적으로 다루고 있는가에 초점을 맞추어 설명해보자.

B. 팬 델 콜크 팀은 현재 PTSD의 진단기준을 확대하고 아동학

---

18) Post Traumatic Stress Disorder 외상 후 스트레스 장애

\<표3\> 복합형 PTSD의 카테고리

PTSD의 카테고리	
1 정동 · 충동 조절 장애	1) 정동의 통제 장애(우울감, 조증 상태 등) 2) 분노의 조절 장애 3) 자기 파괴성(자해행위, 기벽 등) 4) 자살 소망 5) 성적인 관계에 대한 조정 장애(과도하게 자기 파괴적인 성행동, 성도착 등) 6) 위험한 상황으로 스스로 뛰어드는 충동(트라우마에 대한 기벽)
2 주의 의식 장애	1) 건망증 2) 이인증 3) 일과성의 해리 에피소드
3 신체화	1) 소화기계(궤양성 대장염 등) 2) 만성통(두통 등) 3) 심폐계(천식 등) 4) 전환증후군(보행 장애, 실어증 등) 5) 성적증후군(성적 불능, 성욕 고양 등)
4 자기 인식	1) 무력감(자신에게는 스스로를 지킬 힘조차 없다고 생각

장애	한다)
	2) 치유가 불가능한 자기 손상의 감각
	3) 죄악감과 죄책감(자신의 잘못 때문에 트라우마가 일 어났다고 생각한다)
	4) 수치감(자신은 남 앞에 나서기 부끄러운 존재라고 생각 한다)
	5) 아무도 자신을 믿지 않는다고 생각한다
	6) 자기비하(자신은 살아갈 가치가 없다고 생각한다)
5 가해자에 대한 인식 장애	1) 가해자의 비뚤어진 신념의 수용(힘으로 사람을 지배하려는 사고방식 등)
	2) 가해자를 상처 입히려는 생각에 사로잡힌다
	3) 가해자를 이상화理想化한다
6 타인과의 관계 장애	1) 타인을 신뢰하지 못한다
	2) 타인을 희생자(피해자)로 삼는다
	3) 자신이 다시 희생자(피해자)가 된다(트라우마에 대한 기벽)
7 세계관의 장애	1) 자포자기, 절망감
	2) 이전의 자신을 지탱하던 신념의 상실

대가 만들어내는 다양한 증상을 '복합형 PTSD'라는 명칭을 토대로 정리했다(<표3> 참조).

이것은 정동·충동 장애, 해리성 장애, 신체장애, 자기 인식 장애, 트라우마 피해에 있어서 가해자 인지의 장애, 인간관계의 장애, 세계관(의미 시스템)의 장애 등 얼핏 보기에 동떨어진 것 같은 증상이 동일인물에게서 동시에 생기는 경우다. 특히 성장 초기에 대인 관계상의 트라우마를 받은 사람에게서 볼 수 있는 것들이다.

어덜트 칠드런이라고 여겨지는 사람과 접촉할 경우 정신과 의사들은 이들 장애에 민감해져야 한다.

앞에서 만성쇼크를 설명할 때 언급했던 소리 등에 대한 생리적 반응에 대해서 피트먼은 다음과 같은 두 가지로 나누어 고찰할 것을 제안한다.

1 외상을 상기시킬 만한 특별한 자극에 대한 반응과 2 격렬하지만 특별한 의미를 갖지 않은 자극에 대한 반응이다.

엘리베이터에서 강간피해를 당한 사람이 다른 기회에 다른 엘리베이터를 타려다가, 혹은 엘리베이터 사진만 봐도 공포와 함께 식은땀이 흐르고, 소름이 끼치고, 호흡이 거칠어지고, 혈압이 오르는 등의 생리적 이상을 일으킨다면 1에 해당한다. 어릴 적의 트라우마에 비추어 말하면 엘리베이터나 강간피해의 회상이나 의식 없이 어떤 계기 즉, 어떤 인물이나 풍경과의 만남 등이 이러한 생리적 반응을 불러일으키는 경우가 많다.

2는 특정한 소리 같은 것으로 소리 자체는 특별한 의미를 갖지 않는 감각자극에 대해 이상한 반응을 하는 경우이다. 트라우마의 기억이 회복되지 않기 때문에 본래는 해롭지 않은 자극이 잘못 받아들여져 과거의 트라우마에 대해서 똑같이 반응하는 것이다.

이상과 같은 사항과 제4장에서 설명할 것과 같은 PTSD의 증상은 정신과의 임상장면에서 등장하는 어덜트 칠드런에서 볼 수 있는 소견이다.

그런 한편 제대로 생활하는 것처럼 보이는 어덜트 칠드런도 많이 있다. 그런 사람들은 어떤 계기로 갑자기 증상을 일으키고 그들을 자세히 인터뷰해보면 미묘한 정신성 병리를 안고 있음을 알 수 있다.

피학대아는 성인이 된 후 다음 세대의 자녀들에게 가해자가 되기 쉬운 경향도 있으므로 정신과 의사는 임상장면에서 ACoAP[19]를 정확하게 구별하는 능력을 갖춰야 한다. 이 점을 게을리 하면 진찰하면서 어덜트 칠드런에게 새로운 트라우마를 주어 실패하는 결과를 빚는다.

어덜트 칠드런은 그들의 인생에 트라우마를 초래하기 쉬운 사람들이라는 점을 잊어서는 안 된다.

---

19) Adult Children of Abusive Parents: 어덜트 칠드런 오브 어뷰시브 페어런츠. 학대하는 부모 밑에서 성인이 된 어덜트 칠드런

살아남기의 의미

'서바이벌(살아남기)'이라는 말은 어덜트 칠드런에게는 특별한 의미가 있다. 자녀를 학대하는 부모 밑에서 자란 어덜트 칠드런의 경우 이것은 문자 그대로 살아남는 일을 의미한다. 하지만 알코올 의존증 부모를 가진 자녀의 경우라면 자신이 부모처럼 알코올 의존증이 되지 않았거나 알코올 의존증인 사람과 결혼하지 않으면 그만이라고 여기는 것도 '살아남기'의 일종이다.

이것이 상당히 까다로운 문제라는 점은 알코올 의존증이라는 진단명으로 입원한 남자 환자 두 사람 중 한 사람, 그들의 아내 가운데 네 사람 중 한 사람에게 알코올 의존증 아버지가 있었다는 것[20]을 보면 잘 알 수 있다.

알코올중독으로 입원한 환자들도 어릴 때부터 '알코올중독'이 될

---

20) 「알코올중독자 가족에 대한 부부 상호작용과 세대 간 전달」 齊藤學 『정신신경학 잡지』 90권 717~718쪽, 1988년.

거라고 생각한 건 아니다. '부모처럼 되지 않겠다'고 다짐했지만 살아오는 동안 어느 날 문득 깨닫고 보니 아버지와 똑같은 생활방식에 빠져있었던 것이다.

그 아내들의 입장에서는 더욱 더 본의가 아니었다. 그녀들은 대개 '어머니처럼 살지는 않겠다'는 다짐을 굳게 하면서 자랐다. 그러면서도 어느새 자신이 어머니와 조금도 다르지 않은 인생의 궤적을 만들며 걷고 있는 것이다.

그렇다면 이 사람들이 알코올중독이 되지 않았거나 그런 사람의 아내가 되지 않았다면 과연 '살아남았다'고 해도 될까 하는 의문이 남는다.

"나는 아버지처럼만은 되지 않겠다고 결심하고 필사적으로 살아왔다. 그런데 이 나이가 되어 생각해보니 아버지와 나의 다른 점은 단 한 가지뿐이다. 아버지는 술 때문에 돌아가셨지만 나는 그렇지 않을 것 같다는 점뿐이다."

이 남자는 아버지에게 이어받은 음주벽 이외의 모든 생활방식, 가치관, 특히 인간관계의 모습 등을 말한다.

요컨대 여기서 말하는 '살아남기'에는 술이나 남편을 위해 살지 않고 '자신을 위해 살겠다'는 의미가 내포되어 있다. 알코올중독도 되지 않고 그 배우자도 그렇게 되지 않았지만 남을 위해서만 살고 자신의 삶의 기쁨을 찾지 못한다면 진정으로 '살아남았다'고 할 수 없다.

많은 경우 어덜트 칠드런은 얼핏 보기에 '착한 아이'로 보이긴 한다.

그러나 그것은 그들 자신의 욕망이나 감정에 따라 살기가 어려웠기 때문이다. 그런 사람들 중에는 자신의 존재가 다른 사람에게 도움이 되지 않으면 살아갈 수 없다는 심정으로 다른 사람을 보살피는 것을 평생의 일로 선택한 사람이 적지 않다. 그런 이유 때문인지 간호사, 사회복지사, 의사 등의 직업을 가진 사람 중에 어덜트 칠드런이 많다.

덧붙일 필요도 없는 이야기지만 이런 직업이 쓸모가 없다는 의미는 아니다. 아무리 다른 사람에게 도움이 되는 숭고한 직업에 종사하더라도 그것이 자신에게 진정으로 기쁨이 되지 않는다면 그것은 '살아남기'라고 할 수 없다. 그런 사람에게는 진정한 의미에서 남을 치유하는 일도 불가능할 것이라고 말해주고 싶다. 바로 그런 이유 때문에 '치료자'라고 불리는 사람들도 자신 안의 어덜트 칠드런적인 부분을 이해하고 거기서 떠나는 작업을 계속해야 한다.

어덜트 칠드런을 자각하기까지

이쯤에서 다른 어덜트 칠드런의 이야기로 옮겨가자. 제4장에서 소개할 형제 가운데 형 태우(가명)가 바로 그런 사람이다.

어덜트 칠드런에는 지우처럼 분노의 소용돌이 속에서 몸부림치는 '행동하는 사람'도 있다. 하지만 대부분은 다른 사람을 돌보는 생활로 나날을 보내면서 살아가는 데 절망하는 '조용한 사람'이다. 태우는 이런 조용한 어덜트 칠드런이라고 할 수 있다. 현재 그는 서른다섯 살로 독신이다.

철들 무렵부터 태우는 부부간 폭력의 현장에 방치되어 있었다. 다음에도 언급하겠지만 아버지의 전근으로 부모는 중학교에 들어간 그를 남기고 동생 지우만 데리고 지방으로 이사를 갔다.

이렇게 하여 떨어져 살았던 것이 결과적으로 그에게 나쁜 일은 아니었다고 생각한다. 하지만 그 직후에는 더 말할 것도 없이 버림받았다는 느낌 때문에 그는 그 동안 맡고 있던 역할을 빼앗긴 허무감에 시달렸다. 왜냐하면 그는 그때까지 줄곧 부모 사이에 끼어 어머니를 보호하는 위로자 역할을 해왔기 때문이다.

그리고 술에 취해 폭력을 휘두르는 아버지의 실체를 알면서도 당시의 태우는 아버지에 대한 존경심을 잃지도 않았다.

술에 취하지 않았을 때의 아버지가 보이는 말 수 적고 근엄한 태도가 그에게는 남자다운 위엄을 느끼게 했다. 그리고 키가 크고 용모가 단정한 아버지는 남자 친척들이나 친구들의 아버지들보다도 훌륭하다고 생각했다. 그러한 아버지가 아주 가끔씩 변덕스럽게 보이곤 하던 자신에 대한 배려나 조언을 태우는 소중하게 생각했다.

부모가 지방으로 이사를 가고 외가에 남은 그는 아버지에 대해 나쁘게 말하는 외할아버지나 외숙모들에게 둘러싸여 지낸 셈인데 그는 그런 사람들을 미워하기까지 했다.

그러던 그가 아버지에 대한 미움과 분노를 분명하게 깨닫게 된 것은 훨씬 나중인 서른 살 전후부터였다.

초등학교 시절 성적이 좋았던 태우는 유명 사립대학 부속 중고등학교에 진학했다. 여기서 이런 명문학교에 적을 둔 소년들에게서 종종 볼 수 있는 좌절을 맛보았다. 급우들 중에는 정말로 머리가 아주 뛰어난 아이가 있었다. 그로서는 도저히 용납할 수 없는 일이 입학한 얼마 후 분명해지기 시작했던 것이다. 멀리 있는 부모를 기쁘게 할 수 있는 유일한 수단은 남보다 공부를 뛰어나게 잘하는 것이었다. 그런데 중고등학교 시절 태우의 성적은 줄곧 보통수준이었다.

태우는 늘 초조했다. 초조해하면서 아무 데도 집중하지 못하고, 그런 자신을 계속 질타했다. 당시 그는 끊임없이 먹어대 고도비만이 되었다. 이렇게 그는 자신이 무엇을 원하는지도 모르는 채 서울의 사립대학 인문학부에 진학했다.

대학생활은 삭막하기만 했다. 수업에는 별다른 흥미가 없었고 친한 친구도 사귀지 못했다. 대학생활에 익숙해지자 아침에 일어나는 것조차 귀찮아지기 시작했다. 따라서 학교도 곧잘 빠졌다.

동아리에서 배운 음주만 그에게 활력이 되었다. 술에 취했을 때만 살아있는 것 같은 생생한 감정을 가질 수 있게 된 그는 저녁 이후 술친구와의 만남만 낙으로 삼고 사는 생활을 한동안 이어갔다. 그대로 아무 일 없이 시간이 흘렀더라면 그의 좌절은 좀 더 빨리 찾아왔을 것이다. 그러나 그런 상태로 살던 대학 3학년 때 갑자기 아버지가 돌아가시고 어머니와 동생이 서울로 돌아와 그와 함께 살게 되었다.

태우는 지우가 집 안에서 휘두르는 폭력에 대한 실정을 거의 몰랐다. 어머니가 외가에서 개입하는 것을 꺼려하여 집안사정을 거의 말해주지 않았기 때문이다. 그래서 가족이 서울에서 같이 살게 되었을 때 태우는 지우의 거친 말과 행동에 너무 놀랐지만 이 일은 일시적으로 그를 구제해주었다. 태우에게는 이전과 같이 동생의 폭력으로부터 어머니를 보호하는 구원자역할이 다시 주어졌기 때문이다.

그는 동생의 생활을 제대로 회복시켜 주려고 하루 종일 자다가 밤이 되면 일어나 오락게임에 빠져드는 지우의 생활에 끼어들었다. 이것이 지우를 궁지로 모는 결과가 되어 형이 보는 앞에서 자기 손목을 베는 사건을 일으켰다. 이 일을 계기로 태우는 집을 떠났다. 그는 또다시 집안의 구원자 역할을 잃은 것이다.

그 직후 태우는 대학을 중퇴하고 가끔 아르바이트만 하는 생활을 지속하다 사회복지계열 학과에 다시 입학했다. 지우의 상태가 이런 전과의 동기가 되었던 모양이다. 하지만 이 시점에서도 태우는 그 점을 깊이 생각하기를 회피했던 것 같다.

'내가 누구이고 무엇을 하고 싶은지 전혀 몰랐다.'고 현재의 그는 말한다.

이 2년 가까운 공백 기간 중에 그의 알코올중독은 진행되었고 손에서 담배를 놓지 않았다. 몇몇 여자 친구와 사귀기는 했지만 모두 애매한 상태로 헤어지고, 한 달에 몇 번씩 퇴폐 유흥업소를 들락거리는 게 버릇이 되었다.

20대 후반에 겨우 대학을 졸업한 태우는 한 정신병원에 사회복지사로 취직했다. 그는 거기서 어덜트 칠드런이란 용어를 알게 되었고 어덜트 칠드런들의 셀프 헬프 그룹에도 출석했다.

그 병원에 근무하는 의사의 의뢰를 받아 젊은 여성 환자들을 AC회합[21]이 열리는 곳까지 데려갔는데 귀가가 늦어져 그도 회합장소에 같이 있게 되었다.

이 때 태우는 우연히 들은 참가자들의 이야기에 충격을 받고 당황했

---

21) 어덜트 칠드런을 위한 자조 그룹

다. 특히 일부 참가자들이 내뱉는 부모에 대한 분노의 목소리에 큰 혼란을 느끼면서 귀를 틀어막고 싶었다고 한다. '그 모임에는 두 번 다시 가고 싶지 않다.'는 것이 그 때의 태우가 가진 첫인상이었다.

병원에 근무한지 2년 정도 지났을 때, 그는 그곳에서 알게 된 지인을 통해 동생을 한 정신병원에 입원시켰다. 어머니에 대한 지우의 폭력이 극에 다다라 도저히 두 사람을 같이 지내게 내버려둘 수 없다는 생각이 들었기 때문이다.

그 전날 어머니 얼굴을 때려 상처를 입힌 지우는 나름의 죄책감에 시달렸는지 비교적 순순히 입원에 동의했다. 그러나 며칠 지나자 '난 이런 곳에 들어올 생각은 없었다. 속았다.'고 소리치면서 간호사에게 폭력을 휘둘렀다. 지우는 보호실에 갇혀 진정을 위한 다량의 향정신성 의약품을 투여 받았다. 침을 흘리면서 표정을 잃은 동생을 보고 태우는 동생을 입원시킨 것을 후회했다.

결국 몇 달의 입원 끝에 동생은 퇴원했다. 하지만 집에 돌아오자 약물복용을 거부했다. 그리고 다시 폭력을 휘두르기 시작했다. 지우는 자신을 입원시킨 형을 원망하며 '꼭 복수하겠다, 평생 형을 따라다니며 앙갚음 하겠다.'고 을러댔다.

이런 일련의 과정이 지칠 대로 지쳐있는 태우를 녹초가 되도록 만들었다. 차츰 무기력해지는 자신을 깨닫기 시작했지만 그는 그것을 과음과 불면 탓이라 여기며 병원에서 수면제를 처방 받아 복용하기 시작했다.

처음에는 술을 줄이려고 수면제를 복용했다. 그러나 시간이 지나면서 술과 수면제 두 가지 다 마시고 먹게 되었다. 그런 1년 후에 태우는 결국 자살미수 사건을 일으켰다. 이 일을 그는 이렇게 말한다.

"글쎄, 남들이 보면 자살미수라고 보겠지만 그때 나는 죽으려고 생각했던 건 아닙니다. 그냥 너무 지쳤을 뿐이고… 그 다음 날이 쉬는 날이었기 때문에 평소보다 많은 수면제를 먹었지만 잠이 오지 않았습니다. 지칠 대로 지쳐서 안정할 수 없었습니다. 잠들 수만 있다면 무슨 짓이라도 하겠다는 생각이 들었지요. 결국 자살행위라고 해도 될 정도로 과다한 양의 알코올과 수면제를 먹었던 겁니다. 그때의 심정은 '이걸로 끝이다, 에라 모르겠다.'는 식이었지요. 당시 나는 감정이라는 걸 완전히 잃어버렸기 때문에 명확한 절망감도 아니었습니다."

그는 다음 날 친하게 지내던 동료 간호사가 그의 하숙을 찾아오는 바람에 다행히 목숨을 건지긴 했다. 동료는 태우의 모습이 심상치 않음을 느꼈기 때문에 그를 찾아온 것이었다. 다른 사람의 눈에 띄었을 정도로 이상한 침울함조차도 당사자에게는 자신의 감정으로 느껴지지 않았다는 말이다.

결국 태우는 이 병원을 그만두고 다음 직장을 잡을 때까지 2년가량을 아무 일도 하지 않고 빈둥거리며 시간을 보냈다. 수입도 없었기 때문에 1년쯤 지나서부터는 어머니와 동생이 사는 집으로 다시 들어갔다. 그런데 뜻밖에도 거기서 침착성을 되찾은 동생을 보고 태우는 깜짝 놀랐다. 더 놀란 것은 지우가 AC회합에 계속 참가하고 있다는 사실을 전해들은 후였다.

지우와 AC회합을 이어준 사람은 어머니였다. 정신병원에서 퇴원하고 다시 난폭해진 지우를 보다 못한 어머니는 한 상담기관을 찾아가 거기서 지우처럼 방에 틀어박힌 아들을 가진 부모들을 만났다. 거기서 공의존과 어덜트 칠드런에 대해 알게 되었고 그것을 지우에게 전하고 권했던 것이다.

그러나 이런 말을 듣고 태우가 AC회합을 다시 생각한 건 아니었다. 당시 그의 생활은 완전히 자포자기 상태였고 낮에는 어영부영 지내다가 밤이 되면 오락실에 갔다가 술집을 전전하는 나날이었다. 걱정하는 어머니의 얼굴을 보면 무턱대고 화를 냈고 그럴수록 더 엉망으로 마시고 취해서 다녔다. 예전 아버지와 완전히 똑같은 모습이었다.

그러던 어느 날 태우는 거리에서 지우를 만났다. 집에서는 서로 말도 걸지 않던 두 사람이었지만 이때는 어쩐 일인지 지우가 먼저 말을 걸어왔다고 한다. 둘은 한참동안 커피숍에 앉아있었다고 한다. 이렇게 둘이 조용히 마주 앉았던 것도 처음이라고 했다.

커피숍을 나왔을 때는 이미 해가 기울고 있었다. 태우가 작별인사를 하려고 입을 열기 직전에 지우는 'AC회합에 같이 가자.'고 권했고 태우는 잠시 주저하다가 그러마고 동의했다. 그와 헤어진 다음에 할 일이라고는 어제도 그제도 그랬듯 매일 가는 술집으로 발길을 돌리는 일밖에 없었다.

이날 저녁 태우는 AC회합이 바로 자신이 앉아야 할 자리임을 비로소 깨달았다. 사람들의 이야기를 듣는 가운데 감정이 복받쳐 눈물이 흘렀다. 흐르는 눈물을 내버려두는 동안 피로와 허무감 뒤에 깊숙이 숨어있던 절망과 분노를 분명히 알게 되었다.

"그렇다, 이 자리에서는 절망해도 된다. 화가 나는 걸 인정해도 괜찮다."

태우는 몇 번이고 자신을 타일렀다.

이 일은 태우가 AC회합을 안 지 3년만의 일이었다.

제2장

난폭한 어덜트 칠드런

화난 아기

LP1610070138_조지호_아기 24종_저작권위원회

난폭한 어덜트 칠드런

 제1장에서 언급했듯이 어덜트 칠드런 문제의 출발점은 먼저 알코올중독자 자녀들의 공의존성[22]에서 착안한 것이었다.

이것은 그 나름대로 중요하고도 옳은 판단이었다고 생각한다. 하지만 조용하고 얌전하며 다른 사람에게 적당히 편리한 '알코올중독자의 자녀' 즉, 어덜트 칠드런에 대한 이미지를 단순하게 다루다보면 어덜트 칠드런의 또 하나의 측면인 '분노와 공격성'이라는 특징을 간파하기 어려울 것이다.

이 장에서는 알코올 의존증 등과는 상관없이 '지극히 평범하게 보이는 우리 사회의 부모' 밑에서 자란 자녀들 가운데, 이른바 '가정 내 폭력을 당하는' 문제에 대해 언급하고자 한다.

아울러 제3장에서도 다룰 것으로 이 가정 내 폭력이라는 용어는 현재 '가족과 폭력에 관한 연구'의 진전 상황으로 볼 때 매우 부적절한

---

22) 주위 사람의 필요를 채워줌으로써 비로소 자신의 존재를 인정할 수 있다는 생각

어휘다.

　가정 내 폭력에는 노인 학대, 아내나 성 파트너인 여성 학대, 아동 학대 등이 있다. 그러나 '사춘기 청소년에 의한 부모 학대'는 그 일부분의 문제에 지나지 않는다. 그럼에도 불구하고 정신과의 임상에서는 이러한 사춘기의 문제만 과도할 정도로 주목해왔다.

　여기에는 나름의 이유가 있고 그것을 제대로 생각하는 것이 우리의 부모자식 관계와 자녀교육, 그리고 우리 사회 일반의 행동패턴에 대해 이해하는 열쇠가 될 것이다.

　제4장에 나올 지우는 '거친 어덜트 칠드런'이다. 그런 사람들의 이야기를 하기 전에 어덜트 칠드런이 어째서 '파워 즉, 권력에 대한 갈망'을 마음속에 품게 되는지 적당한 예를 소개하면서 생각해보자.

AC로서의 히틀러

부모의 부적절한 양육 때문에 스트레스에 그대로 방치된 채 자란 사람들이 얼마나 심각하게 영향을 받는가 하는 점에 대해 가장 빨리, 대담하게 발언한 사람은 독일의 전前 정신분석의 아리스밀러[23]였다.

밀러는 그의 저서 『영혼의 살인』 가운데 제3제국의 독재자 히틀러가 피학대아의 측면을 가지고 있다고 지적했다. 이 책을 읽으면 이 독재자 히틀러의 행위가 일종의 어덜트 칠드런의 특징을 참 적절하게 표현했음을 알 수 있다.[24]

아돌프에 대한 아버지의 폭력은 많은 전기 작가들에 의해 사실로 기록되었다. 그러면서 근엄한 신사인 아버지의 교육적 징계로 간주하

---

[23] 전前이라는 표현을 쓴 것은 밀러가 정신분석 치료법에 대해 일종의 정신적 폭력을 인정하고 일정한 거리를 두었기 때문이다.
[24] 어덜트 칠드런 운운에 대해서는 그렇지 않지만 아돌프 히틀러에 관한 사실 관계는 이하의 기술 모두가 『영혼의 살인』에 씌어있는 바에 의거한다.

여 이 소년의 버릇없음과 태만만 강조해 왔다.

　밀러는 아버지의 징계에 방치된 소년 아돌프의 공포와 굴욕, 증오, 분노 등에 대해 공감하려고 했던 최초의 인물이다. 이와 관련해 생각해보면 『영혼의 살인』이 독일에서 출판된 1980년은 미국에서 아동학대에 대해 주목하기 시작하여 겨우 세계로 퍼지기 시작한 시기였다.

　1837년 오스트리아의 가난한 농촌의 보잘 것 없는 집안에서 마리아 안나 시크루그루버라는 미혼여성이 낳은 아이가 바로 아돌프의 아버지 알로이스다. 이것이 히틀러 이야기의 발단이다.

　마리아 안나는 방앗간 직공인 요한 게오르그 히트라와 결혼했다. 부부는 너무나 가난했기 때문에 갓난아기를 시동생인 요한 네포무크 휴틀러에게 양자로 주었고, 아이는 그곳에서 자랐다.

　알로이스의 아버지가 누군지에 대해서는 정확하게 알려져 있지 않다. 요한 게오르그 히트라나 그의 동생 요한 네포무크 휴틀러가 생부가 아닐까 추측된다.

　하지만 마리아 안나는 그녀가 시중을 들던 부유한 유대 상인 집 아들에 의해 강제임신 했다는 소문이 이 가난한 농촌에 이어져 내려오고 있다.

　소문의 근거는 마리아 안나에게 그 유대 상인이 계속해서 양육비를 지불한 사실 때문이다. 여러 가지 소문에 휩싸인 이 아이는 어쩌면 양아버지 밑에서 가혹한 유아기와 소년기를 보냈을 것이라 추측된다.

알로이스는 열세 살에 구두직공의 도제가 되었는데 구두직공이라는 직업을 싫어하여 세관원으로 직업을 바꿔 근무한다. 그는 착실하게 일하여 그의 학력으로는 무리라고 보이는 관직인 상급 세관사무원에 종사했다.

알로이스는 그것을 자랑으로 여기며 관직명과 경칭으로 불리는 것을 좋아했다고 한다.

그러나 가난한 집 출신으로 학력도 일천했던 사실 때문에 남모르게 상당히 울적해 했을 것이다. 그 이상으로 알로이스를 괴롭힌 것은 자신을 낳아준 친아버지가 누구인지 분명히 알지 못했던 점이었을 것이다.

그런 알로이스는 마흔이 다 된 나이에 하나의 계략을 세웠다. 이때는 마리아 안나가 세상을 떠난 지 이미 29년이나 지났고, 요한 게오르그도 죽은 지 19년이나 되었다고 한다.

그 계략이란 이런 것이다.

양아버지 요한 네포무크 휴틀러와 그의 세 명의 지인들에게 드렐스하임 사제를 찾아가게 하여, 혼외자식 알로이스는 사실 요한 게오르그 히트라의 정통아들이라고 호적을 정정하게 한 것이다. 이렇게 하여 알로이스는 히틀러의 호적을 갖게 되었다. [25]

---

25) 어째서 히트라도 휴틀러도 아니고 히틀러인지는 『영혼의 살인』에 씌어있지는 않다.

자신이 사생아란 걸 몹시 괴로워했을 알로이스 역시 친부처럼 사생
아를 낳았다.

알로이스의 사촌누이 클라라는 열여섯 살 때 가문의 출세자였던
'알로이스 아저씨' 집에 기거하는 하녀가 되어 알로이스의 병든 아내
와 그의 자녀 둘을 보살폈다. 클라라는 2년 반 동안 알로이스의 아이
를 셋이나 낳았고 셋 모두를 병으로 거의 동시에 잃었다. 그리고 1년
후에 아돌프를 낳고, 이어서 계집아이를 낳았다.

클라라는 사랑하는 세 아이의 죽음을 자신의 부도덕, 즉 사생아를
낳은 죄에 대한 신의 벌이라고 생각했다. 그러나 평생 무력하고 '아저
씨'를 순종하며 경외하여 알로이스가 죽은 후에도 유품으로 남은 파이
프를 '조심스럽게' 만지작거렸다고 한다.

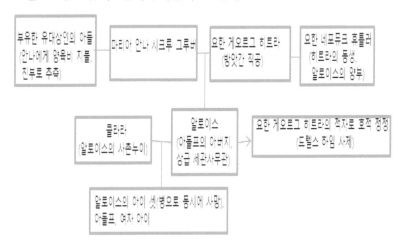

아돌프의 아버지 알로이스는 두 얼굴을 가진 사람이었다. 그는 호적을 정정할 때까지 순수한 아리아 종족임을 세상에 주장하려 했다. 그렇지만 마을에는 그의 출생에 얽힌 소문이 끊이지 않고 떠돌았다. 알로이스는 일족의 수호신과 같은 존재였다. 클라라를 집에 받아들인 것도 그런 역할 때문이었다고 보이는데 그가 보살핀 사람은 클라라만이 아니었다. 정신장애자인 누이를 받아들여 평생 돌보기도 했다. 그런 한편으로 그는 알코올중독자였다.

『영혼의 살인』에서 한 대목을 인용하자면 아돌프는 그런 아버지를 '악취를 풍기는 보랏빛 연기가 자욱한 술집'에서 '온몸에 소름이 끼칠 정도로 부끄러워하면서 달래기도 하고 어르기도 하면서 집으로 데려와야 했다'는 것이다.[26]

또한 밀러는 아돌프 히틀러의 주요 저서 『나의 투쟁』 가운데 다음과 같은 문장이 있다고 지적한다.

'이처럼 허구한 날 부모가 싸움으로 감추어두었던 포악함을 남김없이 드러내고 나면 결국에 가서는 자녀들이 이러한 인생관을 학습하는 결과가 되어 자녀들에게도 서서히일지라도 나타나게 된다. 부부간의 불화가 어머니에 대한 아버지의 끔찍한 난동의 모습으로 폭력이 되어 나타날 때 그것이 자녀들에게 얼마나 크게 영향을 줄 수 있는지 그런

---

26) 전기 작가 요하임 페스트는 아돌프가 아버지의 인격에 상처를 입히려고 알코올 중독 설을 퍼뜨렸다고 했는데, 밀러도 밝히고 있는 바대로 그런 사실도 없으면서 자기 아버지를 알코올중독자라고 부를 필요가 과연 권력자 아돌프에게 있었을까? 히틀러의 회고를 사실 그대로였다고 생각하면 안 되는 이유가 뭘까?

경우를 겪어보지 않은 사람은 상상도 할 수 없다.'

이 기술이 아돌프 자신의 체험을 근거로 했는지 어떤지는 제쳐두고라도 그는 최소한 어덜트 칠드런의 생활을 잘 알고 있었고 관심을 가졌던 사람임에는 틀림없다.

아버지 알로이스는 일가의 수호신과 같은 존재임과 동시에 원래가 화를 잘 내는 히틀러가의 포악한 독재자였다. 아내나 아이들, 특히 아들들에게 폭력적인 성향을 억제할 수 없는 사람이었다.

관리로서의 체면상 그의 공격적인 성향을 세상에 드러내어 알리는 일은 없었다. 그러나 집에서는 그의 불같이 급한 성격과 화를 잘 내는 성질이 얌전한 아내를 위축시키고 자기 뜻대로 되어주지 않는 아이들에게는 폭력으로 폭발시켰을 것이다.

알로이스의 징계는 우선 장남인 알로이스 2세[27]에게 내려졌다. 그는 가죽 채찍으로 인정사정없이 두들겨 팼다고 한다. 아돌프도 매를 맞긴 했다. 하지만 자부심이 강하여 아버지의 심한 매질을 몸의 통증보다는 공포와 굴욕이라는 마음의 상처로 깊이 남겼다.

후에 총통이 된 히틀러는 '아버지'가 자신에게 가했던 폭력을 주위의 비서들에게 여러 번 거듭해서 들려주었다. 그러나 그것도 소년시절 자신의 용기를 증명하는 에피소드로서 말이다.

---

27) 아돌프의 이복형. '더러운 개구쟁이'로 관리가 되기를 바라는 아버지의 기대를 배반했다

아돌프는 어릴 적 모험소설을 읽다가 '아픔을 겉으로 나타내지 않는 것은 용기가 있다는 증거'라는 문장을 읽고 그 후부터는 아무리 맞아도 소리를 내지 않기로 결심했다고 한다. 그리고 실제로 그런 상황이 발생했을 때의 일을 총통 히틀러는 다음과 같이 이야기 한다.

"아직도 분명하게 기억하는 일인데 어머니가 방 밖에서 걱정스러운 표정으로 들여다보았지. 나는 매를 한 대씩 맞을 때마다 아버지와 같이 그 횟수를 세었어. 내가 자랑스럽게 얼굴을 빛내며 '아버지는 나를 32번이나 때리셨어요.'하고 알리러 갔을 때 어머니는 내 머리가 돌아버렸다고 생각하셨는걸."

이 대목에서 볼 수 있는 것은 피학대아 아돌프이다. 그와 동시에 아버지의 폭력으로부터 아이를 지켜줄 수 없는 어머니의 무력함도 생생히 드러나고 있다. 아돌프는 폭력의 공포와 고통에 진저리칠 뿐 아니라 자기 마음속에 가혹한 아버지의 이미지가 각인되어 있어 고통을 표현할 수조차 없었던 것이다. 어머니는 이 폭력상황에 개입할 수도, 소년의 절망을 치유해줄 수도 없었다. 이러한 상황에 놓여있던 소년시절의 트라우마가 후에 그의 마음에 영향을 미치지 않았을 리 없다.

총통 히틀러에게는 불면증이 있었다. 더구나 그것은 격무에 따른 신경계의 과잉흥분에 의한 게 아니었다. 그것은 트라우마 후유증에 의한 정신장애를 상기시키는 것이었다.

총통의 호위를 맡았던 비서들은 그가 '자지러지는 듯 큰소리'를 지르면서 밤중에 깨는 모습을 여러 번 곁에서 보았다고 한다. 그럴 때의 총통은 큰소리로 도움을 구하며 침대 가장자리에 쭈그리고 앉아 이해할 수 없는 말을 내뱉었다고 한다. '그 자식, 그 자식이 거기 있었어.' 하고 그는 신음하면서 말했다고 한다.

어떤 때는 갑자기 '수를 세기' 시작했다고도 한다.

이 이상한 일화를 밀러는 아돌프가 어릴 때 받은 공포의 환기라고 해석한다. 채찍을 맞으며 한 대 한 대를 세어야 했던, 예전에 잊은 공포에 대한 환기라는 것이다. 여기서 '그 자식'이란 바로 아버지 알로이스다.

이 공포와 굴욕은 물론 아돌프가 소년일 때부터 이어져온 것이지만 그에게는 아버지에 대한 분노를 표현할 기회가 거의 없었다. 기껏 표현할 수 있었던 한 가지는 '착한 아이'가 되어 아버지가 기대하던 관리가 되는 일을 거부하는 것이었다.

이 소년에 대한 어른들의 평가[28]는 태만, 교사에 대한 반항, 성적 불량, 거짓말 등이었다. 이것은 총통 히틀러의 다음과 같은 회고와 연관 지어 파악해야 한다.

"나는 내 의견을 한참동안 말하지 않고 참을 수 있었다. 아버지의 말에 그 자리에서 저항할 필요는 없었던 것이다. 나 자신의 굳은 결

28) 그 중에는 히틀러 전기 작가들의 평가도 포함된다

의, 어디 내가 관리가 되나 봐라 하는 결심뿐이었다. 그러면 나는 마음을 안정할 수 있었다."

그러나 돼먹지 않은 아들이 마음속에 품은 분노 따위는 아버지에게 아무것도 아니었다. 알로이스는 개를 가까이 부르듯 손가락으로 피리를 불어 아들인 아돌프를 불러댔다고 한다.

총통 히틀러가 오스트리아를 합병하고 즉시 명령을 내린 것 중 하나는 드렐스하임과 그 주변 농촌 전체를 연병장으로 바꾸는 일이었다. 아버지의 생가와 할머니의 무덤도 모조리 군대의 차량으로 파괴시켜 흔적조차 없애버렸던 것이다. 악명 높은 인종 법[29]도 히틀러의 아버지[30]에 대한 증오와 복수심에서 나온 것일지도 모른다.

어덜트 칠드런에게 끔찍한 일 가운데 하나는 그들 자신이 커가면서 증오의 대상이라고 생각하는 아버지와 모습이 꼭 닮아가는 것이다. 그 메커니즘에 대해서는 제1장에서 설명했고 제4장에서도 설명하겠지만 특히 남자아이는 압도적인 폭력으로 덤벼드는 파워에 대한 동일화가 철저하다.

그럴 때 박해자의 부모에 대한 이미지는 분할되고, 그 파워 부분은 신격화된다. 또 증오 부분은 다른 사람에게 전가된다. 히틀러가의

---

29) 순수한 아리아 종족임을 3대까지에 걸쳐 증명하게 하고, 그렇지 않은 자의 시민권을 제한하는 법률
30) 유대인의 피를 받았다는 소문이 떠나지 않았던 사람

독재자[31)의 모습은 아돌프 히틀러에게 각인되어 그의 독일 국민에 대한 연기의 골격을 이루었다. 그때 그가 지니고 있던 매력이란 '증오하는 능력'이었을 것으로 보인다. 그는 독일 국민의 피해자 의식[32)에 정당성을 부여하고 공통의 적으로서 '미워해야 할 대상'을 유대인으로 정한 것이다.

제3제국을 지탱한 커다란 힘 중 하나는 독일 여성들이 아돌프 히틀러를 찬미하는 것이었다. 많은 여성들은 가족 내에서 부당하게 억압받는 희생자였다. 이 독일 여성들 안에 내재해 있던 '어덜트 차일드'로서의 요소가 권력자 아돌프에 대한 공감을 일으킨 것이라고 판단된다. 아버지 알로이스가 클라라 등에게 그렇게 경애의 대상이 되었듯 여리고 순종적인 독일 여성들에게 총통 히틀러는 경애의 대상이 되었던 것이다.

학대받는 소년은 가혹한 생활을 판타지(백일몽)로 치유하는 기술을 터득하는데, 아돌프에게는 군대에 대한 관심과 전쟁놀이가 바로 그 치유기술이었다. 그의 전쟁놀이는 스스로를 미국 인디언이나 보어인[33)이라고 치고 탄압자에게 전쟁을 도발하는 줄거리였다고 한다. 아돌프는 놀이를 같이 하는 또래들에게 무조건 항복할 것을 요구했다

---

31) 아이들을 폭력으로 제압하고 무력한 아내 클라라의 경애의 대상이 되는
32) 제1차 세계대전에서 패전국이 된 독일은 베르사이유 강화조약에 의해 국토가 분단되고 거액의 배상금을 지불하는 의무를 지는 바람에 경제가 악화됐다.
33) 남아프리카를 식민지로 삼고 들어간 네덜란드계 백인들. 영국인들에게 식민지를 빼앗기고 대영제국과 보어전쟁(1899~1902)에서 패했다.

고 한다.

또한 그의 웅변은 또래 소년들을 매료시켰다고 한다. 그것은 연설자 아돌프가 청중인 소년들의 마음의 움직임을 잘 파악했기 때문이다. 소년들은 아돌프와 마찬가지로 부모의 압제에 시달리면서 강력한 아버지의 파워를 받아들이려고 했을 것이다. 소년 아돌프는 그런 또래들을 엠파워[34]하면서 청중들의 눈동자에 떠오른 찬미의 빛을 자신을 치유하는 기술로 삼았던 것이다.

또래에 대한 연설은 이 소년에게는 단순한 전달이 아니었다. 자기를 치유하는 필사적인 수단이었기 때문에 듣는 사람들의 마음을 감동시켰을 것이다. 이 소년은 어른이 되어서도 이 치유기술을 버리지 않고 더 발전시켰다.

유감스러운 점은 이 치유가 '공통의 적, 증오의 대상'을 필요로 했다는 것이다. 청중의 연령이 높아지고 숫자가 비약적으로 증가함에 따라 적에 대한 증오의 강도도 극단적으로 커져갔다.

이렇게 보면 독일 역사에 암흑의 그림자를 드리웠던 나치스의 열광은 한 어덜트 칠드런의 자기 나름의 그룹요법에서 비롯되었다는 의미로 해석할 수 있다.

---

34) Empowerment: '힘 북돋우기'라는 의미지만 단순한 격려가 아니다. 제5장 참조.

공격적인 어덜트 칠드런의 탄생

앞에서 유명인 아돌프 히틀러를 소재로 하여 학대 받는 아이가 어떻게 파워 갈망과 공격성을 지닌 어덜트 칠드런으로 성장해 가는지 살펴보았다.

다음에는 이러한 어덜트 칠드런이 어떤 경로로 발생하는지 고찰하고 여기서 다시 한 번 확인해보자.

인간은 생리적 조산이라는 숙명에 처한다. 젖먹이는 생후 수개월을 부모의 가슴과 팔이 만드는 공간(안전한 장소), 일종의 인공 자궁 안에서 생활한다. 이 인공 자궁이 아이의 성장에 따라 확대된 것이 '가정'이라고 생각할 수 있다. 이 공간이 제대로 기능할 때 인간은 하나의 세계관을 구축해갈 수 있다. 그것은 자신의 삶에는 일정한 질서와 연속성이 있고 그것이 주위 사람들에게도 지지를 받고 있다는 일종의 신념(의미 시스템)이다. 이것을 '환상'이라고 부르는 사람도 있겠지만 우리는 이 환상 없이는 살아갈 수가 없다.

트라우마란 이러한 우리의 확신을 부수고 세계관에 균열이 생기게 하는 체험이다. 그것이 트라우마에 놓인 존재 특유의 불안과 공황, 우울감과 절망, 공허감과 그 방어기제인 기벽, 다중인격을 포함한 해리성 정신장애, 경계성 인격 장애, 정신병 상태 등을 야기한다. 이러한 것들은 모두 앞에 설명한 '균열의 회복'이라는 정신작용 안에서 생기는 것이라고 말할 수 있다.

사람의 정신작용의 복잡한 과정을 자세히 언급하는 일은 다른 기회로 미루고 여기서는 '안전한 장소'를 잃은 결과로 포유류, 특히 영장류의 어린 몸이 어떤 행동으로 치닫는지 연구해온 학자들의 최근의 성과 가운데 일부를 소개한다. [35]

영장류를 대상으로 한 몇 가지 연구에 의하면, 생후 며칠에서 몇 주 단계에서 무리로부터 강제로 떼어놓은 어린 개체는 그 후에 무리로 다시 돌려보내 순조로운 발달과정을 거치더라도, 어느 날 무리에 혼란이 발생하여 스트레스가 높아지거나 하면 공격적인 행동이나 극단적인 고립이 나타난다고 한다.

---

35) van der Kolk, B. A.: The separation cry and the trauma response: Developmental issues in the psychobiology of attachment and separation. In: (Bessel A. van der kolk, ed.) Psychological Trauma. American Psychiatric Press, Inc., Washington DC, 1987.

예를 들면 붉은털원숭이의 젖먹이를 생후 두 달 만에 어미나 무리로부터 떼어놓고 생후 1년이 될 때까지 계속 분리시켜 두었을 경우 세 살이 되는 시점에서 소량의 인페타민을 투여하면 갑자기 폭력적으로 변하고 무리의 동료를 죽이는 일이 관찰되었다. 분리되지 않았던 보통 원숭이의 경우에서는 이러한 일이 관찰되지 않는다. 또 다른 보고에 의하면 이러한 분리체험을 가진 붉은털원숭이는 알코올 섭취량이 급격하게 늘어난다고 한다.

아마 출생부터 몇 달 동안 젖먹이에게는 어머니 환경[36]에 의해 지켜지는 안전한 장소가 필요하고, 그 안에서 나중에 필요해지는 다른 원숭이와의 관계를 터득해가는 것이다. 이 경우 어떤 임계기臨界期[37]에 무리에서 일정기간 떨어져 있던 개체는 다른 시기에 분리를 경험한 개체보다 평생 동안 나타나는 후유증(행동이상)이 현저히 크다고 한다.

이것은 사람 이외의 영장류에게 어머니 환경과 애착 안에서 형성된 외관인식(세계관)이 어떤 임계기에 고정되고 이것이 파괴됨으로써 분노나 공격의 폭발을 포함한 이상행동이 나타나기 쉽다는 사실을 보여준다.

---

36) 동족, 동료와의 관계 포함.
37) 붉은 털 원숭이의 경우 생후 1년에 가까울 무렵. 사람의 3살에 해당한다.

폭력에 놓인 상태로 자란 인간의 자녀는 자신의 완력이 증가하면 주위를 폭력으로 지배하려고 한다. 그들은 희생자의 눈동자 안에서 예전에 학대받던 자신을 발견하고 이것을 깔아뭉갬으로써 허약한 자기를 없애려고 한다.

아동학대로 치닫는 많은 부모들은 그들 자신이 아동기 때부터 학대받던 자녀였다는 사실이 보고되고 있다. 이 사실은 '피해자에서 가해자로 가는 과정'이라는 것은 제4장에서 설명할 것이다.

그들의 가해성은 손목절단 같은 극단적인 자해행위에 이르는 경우도 있고, 울분발작이나 동포나 학우에 대한 폭력으로 표현하는 경우도 있다.

특히 남자 피학대아의 경우는 가해자와 자신을 동일시함으로써 공포와 절망을 방어하려는 경향이 있고 이것이 그들을 '위험하고 폭력적인 어덜트 칠드런'으로 만들어간다.

부부간 폭력, 남편이 아내에게 휘두르는 폭력이 반복되는 가족 안에서 자란 자녀의 경우 자녀 자신이 폭력의 희생자가 되지는 않더라도 폭력의 목격자 역할을 강요당하고 그것이 트라우마가 되는 것은 앞에서 이미 설명했다.

이러한 어린 목격자들이 자라 어른이 되어 이루는 불안정한 가족 안에서 어린 아이들은 다시 부모들의 학대, 피학대 관계의 목격자가 되는 것이다.

그러나 사춘기에 폭력을 휘두르는 청소년들의 모든 부모가 어린이에게 폭력적이거나 아내를 때리거나 하는 폭군은 아니다. 특히 사춘기 청소년들에게 학대당하는, 소위 가정 내 폭력이라 불리는 것의 경우에 폭력의 피해자인 부모는 흔히 세상에서 '현모양처'나 '신사'라고 불리는 경우가 많은 것 같다. 그렇다면 대체 무슨 이유 때문에 가정 내 폭력이 일어나는 걸까?

부드러운 폭력

사춘기 때 부모를 학대하는 청소년의 경우 피해자인 부모들에게 두드러지게 나타나는 현상은 자녀에 대한 기대로 인한 압력이고 부모의 가치관에 대한 강요다. 부부관계는 평온할 때도 있지만 어딘가 갈등이 있어서 부부간의 사이가 멀고 아내가 남편에게 정서적 지배를 기대할 수 없는 냉랭한 관계에 있는 경우가 많다.

남편은 일중독이거나 가족과의 대화가 아예 없을 만큼 빈약한 게 보통이다. 남편이 방치한 아내는 자녀와의 사이에 정서적 거리를 유지할 수가 없기 때문에 모자 관계는 과도할 정도로 밀착되고 부모와 자녀의 분별이 충분히 이루어지지 않는다. 남편의 어머니(시어머니)라는 존재가 아내를 괴롭히는 등 윗세대가 내리누르는 압력에 방치된 상태의 부부도 흔히 볼 수 있다.

이러한 상황 속에서 부모들은 자녀의 세계관에 끼어들어 이것을 폭력적으로 제압하고 점거한다. 그런데 정작 부모 스스로는 그 폭력성을 깨닫지 못한다. 이 또한 부모 자신이 이미 다른 사람에게 자신의 마음을 제압당하고, 점거당하고 있기 때문이다.

그러한 가족 안에서 아버지는 직장에서의 기대를 알고 그 기대에 부응하며 살기에 급급해서 일중독에 빠져 생활하고 어머니는 남편이나 시어머니의 기대를 파악하고 그 기대에 부응하기 위해 공의존적인 생활로 빠져든다.

이러한 가운데 자녀 또한 부모의 기대를 간파하고 그 기대를 채우는 방향으로 살아가야한다고 부모가 생각한다면, 이 생각 자체가 이미 폭력이다. 그래서 '부드러운 폭력' 혹은 '보이지 않는 학대'라고 한다.

세상이나 직장의 기대라는 건 먼저 통제와 질서이다. 그리고 그 다음이 효율성이다. 부모는 종종 자녀들에게 세상의 기준에 따라 살아가기를 강요한다. 자녀들은 이런 상황 속에서 부모의 기대를 필사적으로 읽어내고 때로는 추측하여 그에 따라 살아가기를 스스로에게 강요하며 자기 자신을 옭아맨다.

이런 유형의 극도로 순종적이고 자발성이 부족한 자녀들, 소위 '착한 아이'의 병리를 파악하는 것은 현대 청년들에게 보이는 다양한 일탈행동의 의미를 이해하는 데 반드시 필요하다.

이러한 '착한 아이'들은 설사 그들이 아무런 일탈행동도 하지 않고 성인이 되었다 해도 살아있는 '진정한 자기'와는 관계없는 '거짓 자기'의 고삐를 매고 기쁨이 없는 인생을 살게 될 것이다.

'착한 아이'들 중 일부에 갑자기 나타나 장기간 지속되고 가정 내에

국한되는 '폭력'은 위에 말한 것과 같은 부모들의 침입, 즉 부드러운 폭력에 대한 반응으로 나타난다. 그 계기가 되는 것은 자녀의 좌절 체험이다.

많은 '착한 아이'들은 언젠가 부모의 기대를 채우는 데 절망을 느끼게 된다. 그것은 학교에서 성적이 오르지 않는 일일 수도 있고, 학업을 끝낸 단계에서 사회에 나왔을 때 세상의 요구에 충분히 부응하지 못하는 일일지도 모른다.

이럴 때 그들은 절망의 사인을 부모에게 보낸다. '돈을 달라, 유학을 보내 달라, 하숙을 하게 해 달라.'는 등 지금까지 입 밖에 낸 적이 없던 요구를 해오는 형태를 취하는 경우도 있다.

이렇게 '착한 아이'가 갑자기 뚱딴지같은 요구를 해오고 나서야 부모는 깜짝 놀란다. 이럴 때 요구하는 액수를 줄이거나 양보하게 하려고 하면 아이에게서 폭언이나 폭력이 튀어나오고 그것이 심각한 결과로 이어지는 경우가 많은 것이 이 단계다.

그렇다고 부모가 자녀의 요구를 들어주면 그때부터 소동은 오히려 더 커진다. 아이가 정말로 원하는 것은 각각의 요구가 충족되는 것이 아니라 자신의 존재 자체를 '인정'해 달라는 것이기 때문이다. 사춘기 자녀들은 자신의 행동 속에서 '나를 봐 달라.', '나의 있는 그대로의 모습이 좋다고 말해 달라.'는 메시지를 끌어낼 수 있는 부모를 요구하는데도 불구하고, 많은 경우 부모들은 이런 사인을 무시한다. 초조한 부모들은 자녀들의 영혼에 대한 개입을 더 강화하고 이윽고 자녀들은 폭발한다.

이러한 폭력을 야기하는 또 하나의 요인은 어덜트 칠드런에게 동반되는 자기처벌의 경향이다. 어덜트 칠드런은 결국 부모를 위해 살아온 게 아니기 때문에 부모의 기대에 어긋났다는 것을 깨달은 시점에서 자기처벌 감정에 사로잡힌다. 이 자기처벌의 욕망이 부모에 의한 처벌을 피할 수 없는 단계까지 몰아가다보면 부모에 대한 폭력을 더욱 증폭시키게 된다.

로봇 마마의 치료자들

가정에 틀어박혀 부모에게 폭력을 휘두르는 청소년들의 가족을 오랫동안 가까이서 지켜본 결과 폭력의 결과물로 생기는 가족관계의 변화는 난폭한 자녀가 어머니의 '숨겨둔 의도'를 실현하거나 '표현하지 않은 분노'를 표현하는 것처럼 보이는 경우가 많다.

예를 들면 시어머니와의 관계에 힘들어하면서 그것을 표현하지 못하던 어머니를 대신해 아들이 시어머니(할머니)를 공격대상으로 삼고 가정 밖으로 몰아내버리기도 한다. 부부관계에 개입하여 아버지를 가정 밖으로 쫓아내는 청년도 있다.

그리하여 부부가 모두 집에서 쫓겨나 그 일을 계기로 차갑기 짝이 없던 부부 관계가 따뜻하고 협조적인 사이로 바뀐 경우도 있다. 자녀의 폭력 때문에 부부가 집에서 쫓겨나 좁은 셋방에서 살면서 일중독이던 남편이 아내와 오랫동안 마주앉게 된 사례는 결코 드물지 않다. 이 경우 자녀의 폭력은 위험한 단계까지 융합한 모자관계(정서적 근친상간)를 단절하고 아들과 어머니 사이의 거리를 넓히는 데도 효과가 있다.

폭력이라는 '뜨거운 소동'은 앞에 묘사한 통제적이고 질서정연했던 '차가운 집'의 경직된 인간관계를 바꿀 때 가장 효과적인 수단이다. 아마 이것을 빼놓고는 가족 내의 인간관계의 변화는 결코 찾아오지 않을 것이다.

이러한 부모학대의 현장에서 청소년들이 어머니를 '로봇'이라 부르는 일 또한 드물지 않다.

한 열일곱 살 소년은 폭력을 써서 아버지와 할아버지를 집에서 쫓아낸 후 어머니에게 '마치 로봇 같다'며 편지를 썼다.

'엄마, 당신은 정말 공허해요. 마치 로봇 같아요. 당신은 책을 좀 더 읽어야 합니다. 당신을 둘러싸고 있는 시어머니나 당신의 남편보다도 자신의 가치를 높이고 자신의 텅 빈 내면에 의미 있는 내용을 채우세요. 그렇지 않으면 나는 당신의 공허한 블랙홀에 빨려 들어가 없어지고 말거예요.'

다른 스물네 살 청년은 일가의 지배자인 할머니에게 큰돈을 요구했다가 그것이 받아들여지지 않자 온 집 안의 유리를 깼다. 그때 가업의 번창만 생각하는 할머니와 할머니를 섬기는 데만 급급하여 아내와 아이를 보호하지 못한 아버지를 욕했다. 그리고 어머니에게도 '이런 팔방미인 로봇, 그래도 당신이 인간인가!'하며 매도했다.

그 후 그는 선조로부터 전해 내려오는 정원 끝의 훌륭한 문과 담[38]을 쓰러뜨리는 광란에 가까운 행동을 하고 집을 떠났다. 손자의 살기에 찬 태도에 위협을 느낀 할머니는 시집간 딸에게로 피신했다.

한참 후에 다시 집으로 돌아온 청년은 아직 깨어진 채로 있는 유리와 부서진 문과 담을 확인하면서 '나는 이 집을 정리했다.'고 혼잣말을 했다고 한다. 그 후 어머니를 향해 이렇게 유유히 말했다고 한다.

"엄마, 할머니가 집을 나가서 시원했을 테죠."

또 다른 스물네 살 청년의 폭력은 참 끔찍했다. 어머니는 몇 번인가 크게 부상을 입기까지 했다. 경찰의 도움을 받아 몇 번인가 정신병원에 입원시켰지만 그때마다 어머니에 대한 청년의 미움은 커져가기만 했다.

이 폭력은 어머니에게만 향했다. 아버지[39]에게는 손찌검조차 하지 않았다. 아마 아버지에게 손을 댔다간 단숨에 살인으로까지 치달을 것을 스스로 알고 있었기 때문일 것이다. 그런 이유로 이 외아들과 어머니만 집에 있을 때 어머니는 늘 겁에 질려 피신할 준비를 하곤 했다.

그런데 어느 날 아침식사 준비를 하고 있는데 갑자기 샐러드 볼을

---

38) 단단하고 차가운 '집'의 상징이었을 것이다
39) 그는 늘 아들을 걱정하며 시시콜콜 통제하는 전형적인 '부드러운 폭력'의 가해자

집어던졌다고 한다. 그러기 직전까지는 평소처럼 차분했다고 한다. 소동이 끝난 후 평온을 되찾은 아들에게 어머니는 '도대체 왜 그렇게까지 하는 거냐?'고 물었다. '어머니가 가끔 로봇으로 보입니다. 그러면 나도 모르는 사이에 그런 짓을 하게 돼요.'라고 대답했다고 한다.

위에 예로 든 세 어머니 가운데 두 어머니는 지금 공의존증 치료그룹에 참가하며 치료받고 있다. 그 중 한 어머니는 아버지와 함께 그룹 치료에 다닌다.

이 세 가정의 아버지들은 사회적으로는 전혀 문제가 없는 건전한 사람들로 세상의 존경을 받는 이들이다. 물론 취해서 가족에게 폭언을 퍼붓거나 하는 일도 없고 할아버지 세대에도 알코올중독자는 발견되지 않았다. 아들의 폭력문제만 없다면 이 부모들은 아주 성실하게 살다가 일생을 마칠 사람들로 자신들의 내부에 가지고 있는 문제를 마주하는 일도 없었을 것이다.

부모에게 복수하겠다는 청년

스물여섯 살 청년 가온(가명)은 열세 살 때 갑자기 어머니에게 폭력을 휘둘렀다. 그 뒤 한동안 평온하게 지내다가 대학입시에 세 번 계속 낙방한 후부터 어머니에게 달려들었다.

아버지(56세)는 공무원이고 어머니(52세)는 전업주부다. 둘 다 여기에 소개하는 문제만 없다면 지극히 평범한 부부이다. 현재 대학 3학년인 동생은 집을 떠나 하숙을 하고 있다. 이 가족에게는 시부모나 그 밖의 친척들과 함께 산 이력이 없다. 아버지는 전근이 잦아 가온은 세 번이나 전학을 강요당했다. 그렇다고 소위 말하는 '집단 따돌림'에 시달린 일도 없었다.

가온은 다소 완고하기는 했지만 아주 순종적인 아이로 초등학교 때의 성적은 좋았다. 중학교에 입학한 후에는 그 지역에서도 가장 우수하다고 알려진 고등학교를 목표로 입시학원에 다니기 시작했다. 가온은 스포츠클럽에 관심을 보였다고 하는데 아버지에게 '서클 같은

데 들어가지 말고 열심히 공부하라.'는 말을 듣고 스포츠를 단념했다고 한다. 어머니는 이때 속으로 '공부는 고등학교에 가서 해도 늦지 않을 텐데.'하고 생각하기는 했다고 한다. 그러나 아들 가온의 의지를 보호하려는 행동은 아무것도 하지 않았다.

이렇게 가온은 고등학교 입시를 중심으로 하는 생활을 시작했는데 입시학원에서는 그 지역의 명문 고등학교를 목표로 하는 엘리트코스에 들지 못했다. 이를 계기로 어머니에게 폭력을 가하기 시작했다.

이에 깜짝 놀란 어머니는 사춘기문제 전문이라고 알려진 서울의 한 상담기관을 찾아갔고, 그곳의 여성 소장에게 모든 것을 자녀의 의지에 맡기라는 말을 듣고 이 위기를 극복했다. 이때부터 어머니는 이 여성 소장에게 푹 빠져들었고, 이후 10년 동안 그녀의 조언을 계속 받았다. 가온도 어머니와 함께 가서 몇 년간 그녀의 상담을 받았다.

어머니는 이 시점에서 이른바 '치맛바람'을 일으키는 어머니의 입장을 자의로 버린 셈이다. 그에 대신하여 자녀와 떨어지는 데 필요한 지침을 갖지 못한 상태로 가온의 병리성에만 주목했다. 가온에 대한 판단을 다른 사람에게 맡겨버린 것이다. 이것은 가온에게 '착한 아이'로 머물러주기를 바라는 압력을 오히려 강화했음을 의미한다.

어머니의 말을 거부하지 않고 상담을 받아왔다는 것이 바로 가온의 문제였다. 그러나 당시에 그 사실을 깨달은 사람은 아무도 없었다.

결국 가온은 지역 내의 2류 고등학교에 진학했고 그곳에서의 성적도 보통수준에 그친 채로 대학입시를 맞이했다. 입시는 재수까지 모두 불합격으로 끝났다. 삼수 째 입시에서 사립대학 한 곳에 합격했지만 가온은 망설이던 끝에 다시 한 번 도전하기로 결정했다. 이때 가온의 망설임과 자신의 망설임을 분간하지 못한 어머니는 앞서 말한 소장과 의논했다.

그리고 이 여성 소장도 문제의 소재를 파악하지 못한 채 일관성을 잃은 부적절한 지시를 어머니에게 내렸다.

어머니는 그 지시에 따라 가온의 방에 들어가 합격통지서를 꺼내다가 멋대로 입학수속을 하고 입학안내서와 학생증을 테이블 위에 올려놓았다고 한다. 그 테이블은 전에 상담사가 지시한 '가족교류노트'를 놓아두는 곳이었다.

가온은 입학허가 서류뭉치를 한숨을 쉬면서 말없이 바라보았다. 하지만 이때까지는 폭언이나 폭력을 퍼붓지는 않았다. 그런 것이 분출되기 시작한 것은 사수가 실패로 끝난 게 분명해진 후부터였다.

그때의 폭력은 거칠었고 대상은 어머니에게만 한정되었다. 가온은 '내 인생은 끝났다. 앞으로는 부모에게 복수하기 위해 살겠다.'고 선언했다. 이 해 5월 연휴 때 아들의 폭력을 견디다 못한 어머니는 가온 앞에서 종적을 감췄다.

어머니가 모습을 감춘 후에야 겨우 아버지가 가온과 마주하게 되었다. 아버지는 가온과 같이 살게 되면서 대화의 기회가 늘긴 했다. 그러나 두 사람 사이의 대화는 단절된 채로 지낼 수밖에 없었다. 가온은 오로지 어머니의 도망을 원망하며 '부모는 사죄하고 책임지라.',

'내 시간을 돌려 달라.'는 말만 되풀이했다. 아버지는 가온이 요구하는 진정한 의미를 이해하지 못했고 이해하려고도 하지 않았다.

2년 후 아버지는 직장의 전근 발령을 받아 지방으로 가고 동생은 그 이전에 집을 나가 하숙을 하고 있었기 때문에 결국 집은 가온이 점거하는 모양새가 되었다. 그 후 아버지는 서울의 직장으로 돌아왔지만 집으로는 돌아가지 않고 아내에게로 가 몸을 감추었다.

결국 가온은 2년제 전문대학에 들어갔고 그때부터 생활비와 학비를 부모가 대주었다. 가온은 아버지의 근무지를 알고 있었기 때문에 전화를 하고 찾아와서는 '책임을 지라.'는 말만 되풀이했다. 아버지는 그때마다 회사 근처에서 가온을 만나 돈을 주었다. 마치 배상금 거래 같았다.

가온은 '아버지와 어머니는 집으로 돌아오라, 그리고 반성문을 쓰고 책임을 지라.'고 했다. 아버지는 '우리가 져야 할 책임이 뭐냐?'고 아들과 이야기를 한다고 하지만 명확하게 처리하기도 불가능한 상태다. 또 '내게는 아내의 안전을 지킬 책임이 있다.'는 신념을 전하지도 못하고 그저 아들의 요구를 들어주고 있다.

가온이 살고 있는 도시에서는 수 년 전 고교 교사 부부가 장남(당시 23세)을 찔러 죽인 사건이 발생했다. 가온은 이 사건에 큰 관심을 보였다. 이 사건의 가해자인 교사 부부가 1심에서 집행유예라는 가벼운 형을 선고받았을 때는 마치 자신이 피해자인 것처럼 크게 분노했다. 그때 그는 아버지에게 이렇게 말했다고 한다.

"나는 죽은 그 사람 대신 부모에게 계속 복수할 것이다. 나 같은 사람이 있다는 것을 세상에 알리겠다. 그게 내가 이 세상에서 살아가는 이유다."

게임 중독에 빠진 어린이

LP1610080046_유정자_게임에서 이기고 싶은데_저작권위원회

폭력 아들의 선물

 이 가정의 문제에 대해 상담을 한 것은 최근이었다.

우선 그의 어머니가 부모를 위한 회합에 참가하고 이어서 남편도 참가했는데 부부의 참가는 현재는 부정기적이다. 이 부부는 명확한 반응을 보여주지 않아서 '우선 부모의 치료부터 하자'는 치료자의 제안을 어떻게 받아들이는지 아직 파악하지 못했다.

회합에 참가한 후 아버지가 아들에게 전화를 하도록 했다. 그는 일주일에 한 번씩 전화를 한다고 했다. 이렇게 사태가 바뀌자 가온은 아버지의 전화를 받지 않으려고 한다는 것을 알았다. 받아도 대화내용은 앞서 말한 내용과 다르지 않다고 한다.

'부모의 치료가 선결문제'라고 볼 때 치료의 대상이라고 생각되는 건 이 두 사람의 '기벽'이다. 아내의 경우 '공의존증'이고 남편은 '일중독증'과 '병적인 남자다움'이다.

아내는 모처럼 '혼자서 생활하는' 행운[40]을 누리면서도 그것을 이용하여 자신의 인생을 재설계하지 못하고 있다.

그녀의 머릿속은 여전히 가온의 생각으로 가득하고 작업 대상을 잃은 로봇 어머니의 비참한 역할을 계속 연기하고 있다. 그녀가 가진 '가온이야말로 이상하다.'는 신념은 완강하고 그 해결책을 집 밖에 있는 '전문가'에게서 받을 수 있다고 믿고 있다.

그녀는 지금 어머니도 아내도 아닌 자기 자신을 발견하고 스스로를 지키고 행복하게 살 방법을 터득해야 하는 과제에 직면해있는데, 그 사실은 받아들이지 않으면서 '자녀교육을 제대로 하지 못한 칠칠치 못한 어머니'라는 자책감과 굴욕감에 초조해 한다.

아버지는 폭력을 휘두르는 아들이 진정 그들에게 하고 싶은 말이 무엇인지 깨달아야 한다. 그러려면 이 아버지가 자신 안에 감추어둔 사회(세상)라는 것을 지탱하는 가치관에 비판적이 되어야 한다. 세상 남자들에게 요구되는 것들에 의문을 가져야 하고 더불어 남자이기 때문에 피해온 일[41]들을 찾아야 한다. 요컨대 가온은 아버지에게 그 일을 완수할 시간을 선물한 셈인데 아버지는 지금까지로 봐서는 그것을 이용하지 못하고 있다.

어머니는 공의존 치료그룹에 참가하고 싶다고 했지만 이것이 그녀의 자의적인 판단에 의한 것인지 '전문가'에게 순종하기 위한 것인지 알 수 없다. 적어도 지금 그녀는 가치관이나 세계관이 몇 달 전과

---

40) 이것이 바로 가온의 선물이다
41) 물론 가사와 자녀교육을 말한다.

비교해 봐도 그다지 변하지 않은 것 같다.

아버지는 '병적인 남자다움'과 '일 중독적인 생활'을 되돌아보게 하기 위해 자조 그룹인 '워커홀릭 그룹'에 참가하기를 권하고 있지만 아직 한 번도 참석하지는 않았다.

가온의 문제는 폭력과 함께 부모에게 '이해되지 않는 요구'의 형태로밖에 그의 생각을 전하지 못하고 있는 것이다. '전문가'가 할 수 있는 일이 있다면 가온이 하고 싶은 말의 의미를 부모에게 통역해주고 부모와 자녀 간에 단절되어 있는 커뮤니케이션을 회복시키는 일이다. 그러기 위해서는 부모들 스스로도 들을 자세를 갖추어야 한다. 요컨대 자신들의 가치관을 바꾸어 사람으로서 성장해가는 일이 반드시 필요하다.

이 작업이 잘 진행되면 가온은 부모의 문제에 집착하지 않고 '자신의 과제'를 직시하게 될 것이다. 바로 '어덜트 칠드런의 성장'이라는 과제다. 그리고 가온 부모의 차갑고 경직된 부부 관계는 좁은 아파트에서 동거함으로써 전보다 훨씬 따뜻하게 바뀌어가고 있다. 무엇보다 지금 이 두 사람에게는 공통의 해결과제가 있으므로 쌍방의 커뮤니케이션은 '이전보다 훨씬 나아졌다.'고 어머니는 말한다.

제3장

가족이라는 위험지대

쌍둥이 아기

LP1610070138_조지호_아기 24종_저작권위원회

가족제도의 함정

1994년은 UN이 정한 '국제 가족의 해'였다. 이런 명분으로 이와 관련한 강연, 심포지엄, 대담 등이 많았다.

UN이 제창한 '국제 가족의 해'의 취지는 각각의 가족구성원이 각각의 개별성을 살리면서 살아가자는 것이다. 그것은 '국제 부인의 해'나 '어린이 인권'의 제창에 연이은 것이었지만 이를 받아들이는 각국 정부의 대응은 어딘가 잘못되었다는 생각이 든다.

미국의 경우 레이건 대통령과 부시 대통령, 그리고 클린턴 대통령도 '가족'의 부활을 강조해왔다.

그 내용을 보면 대략 중류 수준의 가치관과 윤리관의 부활 내지 회복이다. 결국에는 '착하고 강인한 아버지'와 '성스러운 모성애'를 중심으로 한 가족 질서의 회복이라는 사고방식이다. '어머니가 있고 아버지가 있어 두 사람이 자신을 지켜주고 있다.'는 '안전한 가족'의 부활이다.

주의해야 할 것은 이러한 안전한 가족의 이미지가 아주 옛날부터 있었던 양 생각한다는 점이다.

인간이란 그냥 내버려두면 이러한 안전한 가족을 만들기 마련이다. 그러니까 그것은 자연스러운 모습이라는 식으로 사고를 진전시켜 가다보면 현재의 가족이 갖는 의도적이고 작위적인 점이 보이지 않는 경향이 있다.

'안전한 가족'이라는 환상은 '불쌍한 아이들'이라는 존재와 대비되어 강조된다. '저 아이에 비해 나는 얼마나 행복한가.'라며 가족집단, 그리고 그 연장으로서의 사회집단에서 제외되는 데 대한 공포를 사람들의 의식 안에 각인시킨다. 그래서 다음 세대에 순종적이고 보수적인 부모와 시민을 육성하는 기능을 하자는 것이다.

이러한 제도적 가족에 대한 강조가 국가와 사회가 우선임을 강조하는 정치적 보수주의와 이어지는 것은 당연하다.

따라서 따뜻한 것, 지켜야 할 것이라 여기는 가족이란 아버지와 어머니와 혈연의 자녀들로 구성된 '전통적인 가족'에 한정된 것처럼 보인다. 그러니까 아버지가 없는 아이들이나 남편이 없는 미혼모 같은 사람에게는 음으로 양으로 사회의 처벌이 가해지는 것 같다. 가족을 소중하게 여기자는 주장이 이러한 '비정형非定型'으로 간주되는 가족을 제외시킴으로써 힘을 얻어서는 곤란하다.

'착하고 강인한 아버지'와 '성스러운 모성애'로 이루어진 형태를 안전한 가족이라 한다면 이 개념에 대비되는 이미지의 가족은 하나의 위험지대로 간주될 수 있다.

사실 가족제도는 가족 안에서 남자가 여자를 때리거나 어른이 아이를 학대하는 일이 허용되는 일종의 무법지대, 위험지대라는 측면이 있는 것 또한 사실이다.

우리는 이 두 가지 개념의 균형을 찾으면서 가족이라는 울타리를 생각해야 한다. 적어도 가족의 어두운 면을 전혀 고려하지 않은 가족이라는 개념은 사실에 입각한 것이라기보다는 신앙 내지는 환상에 불과하다.

집 안에서 일어나는 폭력

1994년 8월 미국의 유명한 미식축구 선수 O. J. 심슨이 그의 아내와 그녀의 정부의 목을 잘라 살해한 혐의로 체포되었다.

심슨은 전부터 아내에게 폭력을 휘두르곤 했고, 그럴 때마다 그녀는 몇 번이나 도망치려 했다고 한다. 그러니까 폭력을 당하던 끝에 살해당한 것 같다고 생각하는 사람이 많았다.

이 사건이 일어나기 전인 2월에는 올림픽 피겨스케이팅 선수 토니아 하딩의 전 남편이 동료와 함께 토니아의 경쟁 선수를 습격해 부상을 입힌 사건이 있었다. 바로 이 전 남편도 토니아에게 폭력을 휘두르는 일이 잦았고, 그녀는 이 남자와 살다가 헤어지기를 반복해왔다고 한다.

더구나 그 전 해인 1993년 6월에는 남편에게 폭력과 강제적인 섹스[42] 피해를 당하던 스물세 살의 여성 로레나 바비트는 잠든 남편

---

42) 부부간의 강간

존의 페니스(성기)를 잘라내어 자동차로 도망가다가 도로가에 그 잘라낸 '물건'을 던져버린 사건이 있어서 요란하게 보도되었다.

열아홉 살에 결혼한 로레나는 사건이 있기 전까지 4년 동안 계속되어 오던 존의 폭력에 무방비했으며 가톨릭 신자임에도 임신중절을 강요당했다.

로레나와 존은 키 23cm, 체중은 45kg의 차이가 났다. 존은 백인으로 전 해병대원에다가 공수를 좋아하는 사나이 중의 사나이로 클럽의 경비를 맡고 있던 남자다. 로레나는 에콰도르에서 태어나 베네수엘라에서 자라다가 열일곱 살 때 미국으로 건너와서 영어 표현이 그다지 자유롭지 않았다. 존과 로레나 사이에는 남자와 여자라는 차이 외에도 이처럼 많은 핸디캡이 있었다.

TV채널 다툼 같은 사소한 말다툼이 존이 폭력을 휘두르는 원인이었다. 해병대에서 배운 기술로 존은 로레나를 고문했다. 많은 사람들 앞에서 두들겨 패거나 모욕을 주었고, 로레나의 어머니 앞에서 그녀를 쓰러뜨려 질질 끌고 다니기도 했다. 욕실로 도망쳐 들어가면 연장을 가지고 와서 문을 부수고 들어왔고 침실로 도망치면 공수로 문을 부수고 들어왔다.

로레나는 매 맞는 자신을 창피하게 생각해 친한 사람에게도 피해를 호소하지 못했다. 또 가톨릭 신자이기 때문에 이혼도 할 수 없다고 생각했다. 그러는 동안 성적으로도 아주 큰 고통을 당했다. 항문 섹스를 강요당하여 피투성이가 되기도 했다. 존은 항문 성교를 징벌이나 위협으로도 이용했다고 한다.

그날의 사건도 존이 로레나의 아프다는 호소에 귀를 기울이지 않고 '성기가 터질 것 같은' 섹스를 한 직후였다고 한다.

"나는 더 이상 강간당하고 싶지 않았어요."

로레나는 법정에서 울면서 이렇게 호소했다고 한다.

이러한 일련의 사건이 크게 보도된 배경에는 미국 사회가 남녀 간의 폭력 내지 도메스틱 바이올런스[43]에 주의를 기울이기 시작했기 때문이었다.

실제로 우리 주변에는 이러한 폭력을 피해 몸뚱이 하나만 빠져나온 여자들을 보호하는 문제가 중요하게 대두되고 있다. 그럼에도 세상의 화제로 부각되지 않는 것은 남자가 여자를 때리는 것을 특별한 사건이라고 여기지 않기 때문일 것이다.

그 증거로, 보통 가정 내 폭력이라고 하면 사춘기 자녀가 부모를 때리는 것을 의미한다. 이것은 매 맞은 부모가 떠들어대는 바람에 세상도 깜짝 놀라 어떻게든 해보려고 하기 때문이다.

그러나 실제로 일어나는 폭력의 빈도로 보면 집 안에서는 우선 자녀가 부모에게 학대를 받고 모욕을 당하고 있다. 여자 아이는 자녀라는

---

43) Domestic Violence: 원래는 가정 내 폭력이라는 의미인데 미국에서는 아내나 섹스 파트너에 대한 강간을 포함한 폭력이라는 의미로 쓰인다.

이유와 여자라는 이유로 피해자가 될 확률이 더 높다.

　다음으로 노인이 중장년이나 젊은이에게 폭력을 당하고 노인요양
병원에 버려지고 있다. 그 다음으로 거론되는 것이 남자가 여자를
때리는 문제이다.

고통 받는 여인

질병예방_사진_065.JPG_저작권위원회

계속 맞는 여성들

'계속 두들겨 맞는 여성'이라는 말에서 연상되는 이미지는 흔히 혼자서는 생활할 능력이 없어서 두들겨 맞아도, 발에 채이면서도 이혼하지 못하고 '나는 당신 없으면 못 살아요'하고 남자에게 매달리는, 연약하고 학력도 낮고 자립 능력이 없는 여자일 것이다.

그런데 실제로는 비교적 고학력에다 외적으로는 패기 왕성한 여성인 경우가 많다. 스스로는 '능력을 발휘하며 새로운 시대를 살기에 알맞은 여성'이라 생각한다. 거리에서는 고개를 꼿꼿하게 들고 바람을 가르며 걷다가 집에만 들어가면 배우자에게 퍽퍽 얻어맞는다.

대개는 그녀가 가진 사회적 능력(남성성)이 남자가 질투를 할 정도로 우수한 여성이 많다. 대부분의 경우 학력은 상대 남자보다 높고 번듯한 직업도 가지고 있다.[44]

두 사람이 맺어지기 전의 조건도 여성이 더 우월한 경우가 많다.

---

44) 간호사, 교사, 미용사 등 자격을 필요로 하는 직업이 많다.

예를 들면 수입이 많거나 친정의 문벌이 높거나 재산이 많은 경우 등이다.

그런 여성이 결혼을 하고 나면, 친정에서 자신의 명의로 양도받은 집을 남편 명의로 바꾸어버린다. 그래서 막상 남자에게서 빠져나가려고 할 때는 엄청난 고난을 감내해야 한다.

더욱 흔한 것은 결혼 전에는 운전면허를 가지고 자동차를 몰고 다니다가, 결혼 후 얼마 지나지 않아 그것을 남편에게 넘겨주고 실세를 잃어버리는 경우다.

어떻게 그렇게까지 전형적이고 고루한 여성의 역할 속으로 떠밀려 갔는지 이해하기 힘들다. 하지만 그녀들의 입장에서 보면 '내가 조금만 양보하면 저 사람이 부드러워지겠지'하는 환상을 끝내 버리지 못해서인 것 같다.

그 기저에 깔려있는 것이 피학대 여성들에게 공통적으로 보이는 자기 평가의 부족, 자존심의 결여 등이다.

자존심 결여가 낳은 공의존

이쯤에서 정신요법 세계에서 최근 유행어가 된 공의존[45]에 대해 설명해야겠다. 이 말이 갖는 핵심 개념을 이해하지 못하면 피학대 여성에게서 보이는 '자존심 결여'라는 의미가 제대로 파악되지 않기 때문이다.

공의존의 본질은 '다른 사람에게 필요하다고 평가받을 필요'이다. 자신이 소중하다고 여기는 사람에게 '당신이 없으면 나는 살 수 없다.'는 말을 들을 때 비로소 자신의 존재가 '인정'받은 것처럼 느끼는 데서 공의존적인 삶이 시작된다.

'인정'의 문제는 중요하므로 제2장에서 자녀의 폭력에 대해 이야기할 때 이미 자세하게 설명했다. 여기서는 '사람은 남에게 인정받지 못하는 한 살아가지 못한다.' 정도로 이해하기 바란다.

남에게 필요한 사람이 되기 위한 손쉬운 방법은 그 사람을 돌보고,

---

45) codependence 코디펜던스 : 이 말은 미국의 경우다.

정서적인 지주가 되고, 그 사람이 자기 없이는 아무것도 할 수 없는 데까지 몰고 가는 것이다.

자연히 그렇게 되었다기보다는 자신이 혼자가 되는 것이, 혹은 스스로 자신을 직시하기가 견딜 수 없기 때문에, 남에게 의지가 되어줄 필요를 느낀다는 데에 공의존자의 문제가 있다. 결국 이것은 자존심 내지는 자기 확신과 관련이 있다.

'있는 그대로의 자신으로는 살아갈 가치가 없다'거나, '자기와 같은 사람은 보잘 것 없어 민폐를 끼칠 뿐이다.' 혹은 '자신은 여자로서(혹은 남자로서) 어딘가 모자라다.' 따위의, 자신에 대한 부정적인 평가를 하는 사람이 남에게 의지가 되어줌으로써 이러한 부정적 감정을 스스로 느끼지 않도록, 그리고 생각하지 않도록[46] 하는 데 공의존의 핵심이 있다.

자신의 존재를 있는 그대로 평가하지 못하기 때문에, 혹은 자신의 감정이나 행동에 확신을 갖지 못하기 때문에 자진해서 남을 사랑하고 접근하는 따위의 일은 하지 못한다. 그 대신 자신에게 의지하는 사람, 가까이 다가오는 사람을 돌봄으로써 결국은 자신에게 의지하도록 만든다.

제삼자의 입장에서 보면 그것은 마치 '연약한 여성'의 삶처럼 보인다. 하지만 실제로 공의존은 권력Power과 지배control를 위한 수단이다. 다른 사람이 자신에게 의지하고 자신에게서 떠나지 않도록 해놓

---

46) '느끼지 않도록, 생각하지 않도록' 하는 것을 부인denial이라고 한다.

고 상대를 지배하고, 나아가 애완동물처럼 생각하는 것이다.

이것은 공의존자에게 기본적이고 중요한 사안이기 때문에 이러한 시도를 성공시키기 위해 엄청난 노력을 쏟아 붓는다. 수시로 머리를 쓰다듬어 주는 느낌으로 애완동물 화하고 싶은 상대에게 지극한 정성을 다하는 것이다.

결과적으로 상대의 자립능력은 소진되고 이윽고 상대 또한 자기를 확신하지 못하게 된다. 이렇게 설명하면 '그건 좀 이상하잖아? 사람이 남에게 정성을 다하는 건 아름다운 일 아닌가?', '어머니는 그런 사람의 전형이고 친구들의 어머니나 아내도 비슷하다. 어머니나 아내라고 불리는 사람은 모두 공의존자라는 의미가 아닌가?'하고 의문을 품는 사람도 있을 것이다.

당연한 의문이라고 생각한다. 여성들 모두라고는 말할 수 없지만 대부분은 공의존자이다. 그토록 오랜 세월동안 그런 가르침을 받으며 자라왔으니 당연하다.

그 교육은 단순히 가정이나 학교에서만 이루어지는 건 아니다. 만화, TV드라마, 소녀들이 열심히 외워 부르는 대중가요 등의 내용을 보면 대부분 훌륭한 공의존에 대해 노래한 것들이다.

반대로 여성이 자기 확신이 강하거나, 자신의 행복을 지키기 위해 자신만의 힘으로 일어서는 것을 칭송하는 노래는 별로 없다. 있다고 해도 이런 여성들은 보통 TV드라마나 소설 속에서도 깡마르고 유별난 여자, 심술궂은 아주머니로 그려진다. 그런 아주머니들은 '사랑'이란 방향을 거슬러 걸어가는 것이라고 단단히 교육받는다.

이러한 사회적 분위기 속에서 살기 때문에 우리 사회에서 공의존을 병리현상으로 발견하기란 특히 더 어렵다. 바로 그렇기 때문에 여기서 더욱 주목을 촉구할 필요가 있다.

공의존이란 말을 쓰기 시작한 것은 미국의 전문가 여성들이다. 알코올중독을 진단하기 위한 클리닉과 병원에 근무하는 테라피스트와 케이스워커[47]들이 바로 그들이었다.

1960년대 말경부터 미국 각지에 알코올 의존증, 약물의존증 치료를 전문으로 하는 시설이 생겨나기 시작했다. 그들은 거기서 의사(대개 중독증인 남자들이 많다)의 명령을 받고 가족 카운슬링을 담당했는데, 기벽자(알코올중독증인 남자들이 많다)의 배우자들(당연히 여성이 많다)의 삶이 놀랄 정도로 하나같이 비슷하다는 사실을 깨달았다.

'어떻게 된 거야? 이 사람들은!' 하고 케이스워커들은 외쳤다.

'전혀 자기 자신이라는 걸 갖고 있질 않아. 남편의 술버릇으로만 머리가 꽉 차 있잖아. 오늘 만난 사람은 세 번 결혼했는데 세 사람 다 알코올중독자였다나. 더구나 아버지까지 알코올중독자였다는군. 결국 남편들의 알코올중독을 부추겨온 건 그녀였잖아?' 하고 말이다.

테라피스트나 케이스워커들은 비로소 '공共알코올증'이라는 용어를 사용했는데 이 말은 공의존이라는 더 넓은 의미로 확대 사용되게

---

47) therapist: 치료전문가와 case worker: 사회 복지사

되었다.

넓어진 것은 의미뿐만이 아니었다. 알코올중독자의 아내들에게 극단적인 형태로 나타나는 '삶의 문제'는 이 말을 쓰기 시작한 여성들을 포함한 모든 여성들의 삶의 밑바닥에 전통적으로 흐르고 있다는 사실을 알게 된 것이다. 그것은 나아가 여성만의 고유한 것도 아니라는 점이 주목을 받게도 되었다.

요컨대 공의존적인 인간관계는 미국사회에도 있고 그 병리성은 생활의 미덕이라는 그늘에 가려져 잘 보이지 않았던 것뿐이다. 그러나 그것을 발견하고 이름을 붙인 것은 미국인들이었다는 점을 간과하면 안 된다.

우리 사회의 풍토는 공의존에 대해 지나치게 관대하다. 뿐만 아니라 이것을 기둥으로 삼고 가족과 사회가 성립되는 측면까지 지니고 있다.

공의존과 친밀성의 차이

공의존은 현재 치료나 수정해야 할 대상이라고 여겨지고는 있다. 하지만 그 회복의 목표는 서로 대등한 친밀성이다. 이 두 가지는 비슷하게 보이지만 본질적으로는 전혀 다르다.

공의존은 근본적으로 '자존심 결여'가 그 토대다. 그러나 친밀성은 그렇지 않다. 공의존에는 있고 친밀성에는 없는 특징을 보면 공의존이라는 용어의 뜻이 더 명확해질 것이다.

불성실(부정직)

공의존자는 자기 평가가 낮기 때문에 본래 가지고 있는 자신의 판단을 부정하거나 감춘다. 폭력을 휘두르는 남편과 긴장된 관계를 유지하며 견디고 있는 여성들은 자신의 불편함 같은 감정에 불성실하다. 나아가 그것을 부인하려고 한다. 공의존자는 자존심이 결여되어 있기 때문에 '타인의 비판'을 극도로 두려워한다. 그 결과 자신의 판단을 부인하거나 감추려는 경향이 있다.

자기 책임의 포기

남편과의 긴장이나 폭력에 시달리는 여성들 중에는 그런 관계에서 떠나고 싶어도 그것 때문에 '남에게 비판당하는 것'이 두려워 결국은 떠나지 못하는 사람들이 있다. 자기 책임의 포기란 이 점을 말한다.

지배의 환상

'타인의 비판'에만 신경을 쓴 나머지 불편한 생활을 감수하며 견디는 여성들은 주위사람들에게도 그런 형태로 '타인에 대한 배려'를 하기를 요구한다. '자신의 보호를 받는 타인은 자신이 하는 일이나 역할에 감사하고, 설사 문제가 좀 있더라도 그것을 표면에 드러내거나 하지 않고 자신의 지배 아래에 있어야 한다.'는 것이다. 특히 부모와 자식처럼 상하관계 안에 있으면 그것은 더 노골적으로 드러난다.

공의존적 인간관계는 반드시 지배하는 사람과 지배당하는 사람을 만들어낸다.

자타구별의 애매함

공의존자는 타인의 감정과 자신의 감정을 분명히 구분하지 못하는 문제를 가지고 있다.

상대가 침묵하거나 불쾌한 표정을 지으면 자신이 상대에게 뭔가 본의 아니게 나쁜 짓을 한 게 아닐까, 자신에게 결함이 있는 게 아닐까 하고 불안해한다.

타인이 느끼는 감정을 자기감정과 동떨어지지 않게 하기 위해, 자신이 사랑하는 사람이 자기 이외의 사람에게 이끌리면 그들은 그것을 받아들이지 못한다. 결국 자기가 사랑하는 사람이 자신 이외의 사람을 사랑하면 더 이상 자신을 소중하게 여기지 않는다고 느끼는 것이다. 이것이 공의존자의 타인에 대한 지배 욕구를 강화시킨다.

공의존자의 이타주의 즉, 타인을 돌보는 일을 소중하게 여기는 삶은 사실 이러한 자타의 구별이 애매한 지점에서 발생한다.

친밀한 인간관계란 이러한 불안과 지배욕에 속박당하지 않는 관계를 말한다. 그런 관계는 유동적이기 때문에 공의존처럼 항상성을 가지지는 않는다. 그 때문에 친밀성은 제도나 조직과는 궁합이 맞지 않는다.

친밀성의 근저에는 자기 긍정의 감각이 있다. 이러한 사람은 친밀한 관계를 찾더라도 상대에게 식상하면 떠난다. 그리고 떠난 상대를 미워하는 일도 없다. '나는 나'라는 자기 긍정이 그에게 '활발한 감정 생활'을 하게하고 '민낯으로 사는 생활'[48] 자체를 즐길 능력을 부여한다.

---

48) 물질이나 애정에 의존, 탐닉하지 않는 생활을 말한다.

폭력과 사랑고백

한 여자가 한 남자와 공의존적 관계를 맺으면 여자가 속을 썩는 어른 역할, 남자가 속을 썩이는 아이 역할을 하기 쉽다. 물론 늘 그렇다는 건 아니다. 반대인 경우도 있다. 그것은 우리가 늘 '어린이로의 회귀'[49]라는 안일한 꿈을 안고 살기 때문이다. 여자가 속을 썩는 역할을 강요당하기 쉬운 이유는 그 밖의 파워 즉, 권력, 힘, 경제력에서 남자가 우위인 경우가 많기 때문이다.

남자들 중에는 폭발적인 폭력이 시작되면 스스로를 제어하지 못하는 사람이 있다. 이것도 어린이 회귀의 일종이다.

이런 유형의 폭력적인 남자라도 항상 포악을 부리는 건 아니다. 아무리 바보라도 언제까지고 그런 사람과 함께 살아갈 여자는 없을 것이다. 그러나 폭력적인 남자가 자신을 억제하고 조용히 있을 때가 바로 폭력의 욕구가 축적되는 때이다.

---

49) 좀 더 극단적으로 말하면 자궁회귀인 태아화의 꿈이다.

이런 남자에게는 남달리 비대해진 프라이드 즉, '남자다움'에 대한 집착이 보인다. 원래 자신의 남성성에 자신이 없는 남자가 더 남자답게 보이려고 허세를 부리기 마련이다. 어쩌다가 그런 남자를 향해 '남자답지 않다.'는 따위의 말을 했다간 엄청난 결과를 초래하게 된다. 그들은 상처받기 쉬운 사람이다.

물론 그런 사람들도 약간의 인내는 가능하다. 하지만 내심으로는 아픔을 불러일으킨 인물에 대한 분노를 축적하고 그것을 차츰 미움으로 쌓아간다. 더구나 그들에게 가장 큰 상처를 주는 것은 그들이 가장 사랑하는 사람 즉, 그들이 치유받기를 기대하는 사람들이다.

그가 치유해주기를 기대하는 여성은 그런 남자의 긴장이 고양되었음을 간파하고 그의 비위를 맞추고 달랜다. 이것이 한동안 잘 먹혀들면 여자는 남자를 컨트롤하는 자신의 능력, 말하자면 공의존 파워에 자신감을 가지기도 한다. 그러나 그것은 언젠가는 파탄을 일으키고 남자가 폭력을 분출하는 사태가 찾아오기 마련이다.

그 폭력은 폭력을 휘두르는 남자의 신체적, 심리적인 긴장이 모조리 방출될 때까지 계속하기 때문에 결과는 참담하기 십상이고 여성의 죽음으로 끝나는 경우도 있다. 그러나 폭력이 여성의 죽음으로 끝나지 않은 경우에는 남성의 정서에 극적인 변화가 일어난다. 축적되어 있던 원망의 에너지를 모조리 방출해버린 남편은 자신의 행동을 후회하고 아내에게 용서를 빌면서 '내게서 떠나 달라.'고 애원한다. 그리고 폭력으로 상처를 입은 아내의 몸을 보살펴주기도 하고 선물공세를 하면서 '다시는 폭력을 쓰지 않겠다.'는 서약까지 한다.

이럴 때 남편의 후회와 아내에게 미안하다고 하는 표현은 거짓이 아닐 것이다. 오히려 이런 과정을 거쳐야만 비로소 '사랑 고백'이 가능해지는 사람들이 바로 이런 부류다. 그리고 여성이 이러한 '사랑'을 받아주면 이 위험한 관계가 계속 이어진다. '이 남자는 나라는 존재가 없이는 살아가지 못한다.'는 사실을 확인하는 것은 공의존에 의존해 살아가는 여성에게는 자신의 안전보다도 귀중한 결과물일 것이다.

그러나 남자가 용서를 구하고 사랑을 고백하고 여자가 그것을 받아들이는 것으로 시작되는 관계는, 바로 그 시작부터가 남자의 자존심에 상처를 입히고 인내를 강요한다. 그의 분노는 관계를 확인한 그 시점부터 다시 축적되기 시작하여 다음 폭력을 방출할 서막을 열 준비를 갖추기 시작하는 것이다.

이런 과정을 5년, 10년, 20년간이나 되풀이하면서도 헤어지지 못하는 부부가 드물지 않다. 피해자인 여성이 이러한 인간관계의 위험성을 깨닫지 못한다면 그는 상당히 둔한 여자다. 하지만 둔하지도 어리석지도 않은 사람이 그러한 관계를 지속하고 있다면 그것은 다름아닌 '질병'이기 때문이다.

미국의 심리요법가이며 가정 내 폭력[50] 문제에 일찍부터 관심을 가져온 레이너 워커[51]는 이 질병을 '피학대여성증후군[52]'이라 한다.

---

50) domestic violence, 도메스틱 바이올런스
51) Walker, L. E. A. : Battered Women Syndrome. Springer: New York, 1984.
52) Battered Women Syndrome : 배터드 우먼 신드롬. 피학대 여성 증후군

학대받는 여성

배터드 우먼[53]이라는 말은 1960년대 말부터 1970년에 처음 사용하기 시작했다. 1970년대 초는 미국에서 학대받는 여성을 위한 피난소[54]를 만드는 운동에 불이 붙기 시작한 때이다. 그 불을 지른 사람은 페미니스트들이었다. 페미니스트라고 하면 대학에서 여성학을 강의하는 학자가 연상될 것이다. 하지만 본래 '페미니즘'이라는 말은 강간이나 폭력의 피해자인 동성同性과 어떻게 연대할 것인가 하는 아주 소소한 일에서 시작되었지 싶다. 지금의 우리 사회가 바로 그런 본래의 페미니스트를 필요로 하는 것 같다.

문제라는 건 일단 이름이 붙고 나면 비로소 그 실체가 보이기 시작한다. 이름을 붙여놓고 살펴보면 그에 해당하는 사람이 얼마든지 나타난다. 이 피학대 여성이라는 말이 생기고부터 그때까지 가정이라는

---

53) Battered Women : 학대받는 여성
54) shelter, 셸터 남편으로부터 도망친 여자들의 피난소를 말한다. 어린이들을 위한 셸터도 있다.

밀실에서 남편에게 맞던 아내들의 비명소리가 자주 들려오기 시작했다. 그런 여성들을 위해 셸터를 마련했다. 그러자 그곳이 순식간에 가득 차서 또 다른 피난소가 필요해졌다. 이제 이 운동은 요원의 불꽃처럼 번져가고 있다.

이런 피난소를 운영하는 주된 원동력은 예전에 학대당하는 아내였던 여성들이 쏟는 땀이다. 피난소가 늘어감에 따라 이런 시설에서 일하는 전문가와 자원봉사자도 늘고, 이러한 풀뿌리 차원의 여성 조직이 하나의 운동체로 정비되어 행정기관에 피학대여성의 보호와 함께 폭력 남성의 구속과 유치를 요구하기에 이르렀다.

미국에서는 이에 부응하여 1984년 '가족폭력 예방과 대응법[55]'이라는 연방법이 제정되었다. 이때부터 여성 폭력사건에 관한 주 차원의 법제도가 형사와 민사 양면에서 진행되었고 현재는 대부분의 주에서 경찰은 체포영장 없이도 가해자를 체포할 수 있게 되었다고 한다.

그럼에도 불구하고 미국에서는 하루에 적어도 4명의 여성이 남편 또는 연인에 의해 살해되고, 연간 100만 명 이상이 배우자의 폭력 때문에 의료기관에서 치료를 받는다고 추정된다.

---

55) Family Violence Prevention and Service Act

빠져나오지 못하는 이유

PTSD(Post Traumatic Stress Disorder)의 하나로 레이프 트라우마 신드롬RTS[56]이라는 말이 있다. 피학대여성의 정신장애에 대해 연구한 학자들이 그런 여자들에게서 보이는 증상이 레이프 트라우마 신드롬과 기본적으로 같다고 보고하고 있다.

그것은 초조, 불안, 공황, 피해와 조금이라도 연관된 상황에 직면했을 때 느끼는 강한 공포감, 잠들고 싶어도 흥분 때문에 잠들지 못하고 마음을 편안히 가질 수 없는 것, 간신히 잠들었다 싶으면 폭력에 시달리는 악몽으로 가위눌리는 식이다.

연구자들은 그런 여자들의 수동성과 감정둔감에 대해서도 보고하고 있다. 그녀들은 대부분 자신이 처한 상황을 바꾸려는 적극성을 보이지 않고 무력감과 절망감만 두드러지게 나타낸다. 심한 감정둔감

---

56) Burgess, A.W., & Holstrom, L.L: Rape trauma syndrome. American Journal of Psychiatry, 131: 981~986, 1974.

을 나타내는 가면과 같은 표정도 강간피해여성과 마찬가지였다.

피학대여성과 강간피해여성의 단 한 가지 차이는 피학대여성은 가해자의 공격이 과거의 일이 아니라 앞으로도 지속될 현실 문제라는 점이다. 남편이나 연인과 생활하는 하루하루의 경험 자체가 피학대여성에게는 다음 장에서 설명할 재연기화의 문제를 안고 있는 것이다.

이 또한 강간피해여성과 마찬가지로 피학대여성은 분노를 직접 행동으로 표현하지 않는다. 이것은 단순히 가해자가 가할 공격에 대한 공포 때문이라기보다는 분노를 억제하는 노력의 산물이다.

그녀들의 경우 대부분은 공격 방향을 자기 자신에게로 돌려 자살을 시도하기도 하고 손목을 자르거나 알코올이나 약물에 탐닉하기도 하고 우울증 환자가 되기도 한다.

한 연구자의 보고에 따르면 피학대여성 100명 중 71명이 항 우울증제나 강력한 신경안정제 치료를 받아야 할 정도의 증상을 가지고 있고, 42명이 자살을 시도했다가 미수에 그쳤고, 21명은 우울증 진단을 받았다고 한다.

피학대여성은 그런 비참한 상황에서 왜 빠져나오지 못하는 것일까? 캘리포니아 주립대학 버클리 교의 심리학교수 셀리그먼[57]은 개

---

57) Seligman, M. E. P. : Helplessness; On Depression, Development, and Death. W. H. Freeman, San Francisco, 1975.

를 이용한 실험 심리학 연구로 유명하다.

개에게 폭력적인 스트레스를 준다. 전기쇼크 같은 걸 주는데, 그것도 아무런 이유 없이 무조건 준다. 개는 좋은 일을 해도, 나쁜 짓을 저질러도 폭력을 당한다. 이것은 아동학대를 받는 어린이가 놓여있는 상황, 피학대여성이 놓여있는 상황에 가까운 환경이다.

이러한 이유 없는, 부정기적인, 피할 수 없는 폭력을 계속 받으면 개는 차츰 무기력해져서 도망치려는 시도조차 하지 않고 계속해서 스트레스에 자신을 그냥 드러내놓게 된다.

처음에는 학대실험 장소에 울타리를 쳐두어 피하지 못하게 해놓았다가 일정 기간이 지나 울타리를 없애도 그대로 주저앉아 도망치려고 하지 않게 된다.

셀리그먼은 이런 상태를 '학습된 절망감(Learned Helplessness)'이라 이름 붙였다. 셀리그먼은 이것이 인간의 우울증과 매우 유사하다고 생각했다. 인간의 우울증에 대한 하나의 모델을 제시한 셈이다. 인간 중에서도 그와 가장 비슷한 것이 피학대아동과 피학대여성이다. 그들은 부모와 자녀 혹은 부부라는 유대 안에서 부당한 폭력을 당하면서 도망칠 수 있는데도 도망치지 못하게 된 것이다.

피학대여성은 우울, 무기력, 절망감 등이 그녀들의 생활 전반을 지배하고 있고 매일 그날이 어서 끝났으면 좋겠는 심경이다.

이런 상황에서 빠져나올 생각이 들도록 만드는 것도 중요하다. 하지만 빠져나온 여성을 구제하여 피난소 등에 숨기는 것, 그리고 그녀들이 재활할 수 있게 돕는 것, 요컨대 다시 일어나 살아가려는 힘을 북돋아주는 일은 빠져나오는 것을 돕는 일 이상으로 어렵고도 중요한 일이다.

'내가 없으면 저 사람은 아무것도 못한다. 어쩌면 죽어버릴지도 모른다. 불쌍하다.'는 식으로 자신을 때린 남자를 걱정하면서 그에게로 돌아가는 여성이 적지 않다. 또 '두고 온 아이가 걱정된다.'는 말은 자녀를 데리고 나오지 못한 대부분의 여성이 하는 말이다.

위험한 한눈에 반하기

앞서 설명한 대로 지금 우리 사회 안에서도 피학대여성의 문제는 심각하다. 사회적으로 화제가 되지 않는 것은 아직 우리 사회가 이러한 일에 '정식 명칭을 붙이지 않은 문제'이고 나아가 '보이지 않는 문제'이기 때문이다.

그래도 현실에는 맨발로 뛰쳐나와 '안전한 장소'를 찾아 헤매는 여성들이 있다.

일본에서는 1993년 4월부터 이런 여성을 위한 피난소 개설에 착수하기로 했다고 한다.[58] 이 피난소에 들어오기를 희망하는 여성들에게 제시하는 조건은 단 한 가지다. '당신 자신의 마음의 문제에 대해서도 생각해봅시다. 회복에 모든 주의를 기울이십시오.'이다. 이것을 납득시킨 다음에 피난소를 이용할 수 있도록 하고 있다고 한다.

물론 필사적으로 남자의 폭력으로부터 빠져나온 여성들에게 공의

---

58) AKK 피난소. 운영위원은 전원이 여성 자원봉사자다.

존에 대해 설명해봐야 그런 상황을 즉시 이해하기는 애초부터 어려운 일이다. 그래서 일단 들어온 다음에 심리 상담실에서 공의존에 대한 설명을 비롯하여 폭력피해여성을 위한 교육프로그램을 이수 받게 하고 그 다음에 그룹요법[59]에 참여하도록 지도한다.

이러한 케이스를 모자이크 방식으로 몇 가지 소개하겠다. 모자이크 식이므로 여기에 제시하는 사례는 모두 완전한 현실은 아니다. 직업이나 연령 등의 세부사항을 비롯하여 전부가 허구다.

스물다섯 살 여성(하나라고 하자)은 수개월 전에 재혼했는데 상대 남성(두 살 위의 자영업자)으로부터 살기가 느껴질 정도의 폭력을 여러 차례 당하다가 뛰쳐나와 친구 집을 전전하던 끝에 이혼을 결심하고 피난소로 들어왔다.

그 남자와 하나는 클럽에서 만나 말하자면 한눈에 반했다. 둘은 서로에게 강하게 끌렸다고 한다. 당시 하나는 전 남편과의 이혼이 겨우 마무리된 상황이라 '다시는 남자를 가까이 하지 않겠다'고 굳게 결심했다고 한다. 그럼에도 불구하고 위험하게도 한눈에 반해 사랑에 빠진 것이다.

하나는 대학을 졸업하고 첫 번째 결혼 당시에도 직업을 가지고 있었고, 맨션아파트에 세 들어 살면서 자기 차를 가지고 다녔다고 한다. 그러니 결코 혼자 생활할 능력이 없어서 결혼한 것은 아니었다.

---

59) 그룹요법 안에서 피학대여성은 같은 문제를 안고 있는 여성들을 만나게 된다. 그 안에서 자신의 장래 즉, 살아남기(서바이벌)에 대해 서로 이야기하는 것이다.

전남편에 비하면 이번 남편은 훨씬 씩씩하고 남자다웠다. 학력은 내세울 만한 게 없고, 육체노동이 많은 자영업자였지만 한 집안을 꾸려갈 만한 돈은 없었다.

남자는 그녀와 데이트를 할 때마다 '아무거나 좋다. 제일 좋은 걸 사도 된다.'고 했고, 늘 최고급 레스토랑에서 식사를 하고 최고가의 선물을 사주곤 했다. 그는 술을 잘 마시고 마시면 쾌활하게 이야기했으며 자동차를 타고내릴 때도 그녀를 위해 문을 손수 열어주었다.

'그 사람과 있으면 마치 공주가 된 것 같았다.'고 하나는 말했다. 섹스도 적극적이었다. 그녀는 결국 자신이 세든 아파트에 그를 불러들여 동거를 시작했다. 얼마 후에는 그가 사는 아파트로 이사했다.

이사한 지 며칠 후 간밤에 야근을 하고 집에 돌아와 있던 그가 미용실에서 돌아온 그녀에게, '어디서 바람을 피우고 왔느냐, 머리가 젖어 있잖아.'하면서 하나를 끈질기게 추궁해댔다. 급기야 그는 '남자가 있으면 빨리 그렇다고 말하라.'며 폭력을 휘둘렀다. 계속 술을 마시면서 끈질기게 자신의 분노를 토로하며 '이래가지고는 다른 일도 할 수가 없다. 그것도 다 네 탓이다.'라고 책임을 전가하며 그녀가 뭐라고 변명하면 다시 두들겨 팼다.

그런데 그런 일이 있은 다음에 잠에서 깬 그는 '아까는 미안했어. 아팠지. 이리 와.' 하며 하나를 무릎에 올려 다정하게 안아주었다. 하나는 이것이 참 좋았다고 한다. 아버지나 어머니에게도 받아보지 못했던 애무였기 때문이란다.

그 후 유사한 일들이 되풀이되었다. 그는 그녀의 차를 빼앗고 오토바이를 빼앗고 마치 집 안에 감금이라도 하고 싶은 듯 그녀의 외출을 극도로 싫어했다. 하지만 그녀가 그의 폭력 때문에 상처를 입고 입원했을 때는 사죄의 표시로 울면서 자신의 머리를 잘랐다고 한다. 그리고 이혼만 하지 말아달라고 애원했다고 한다.

약간 남아있던 그의 머리카락을 하나가 다시 빡빡 깎아 민머리로 만들었지만 그는 참고 있었다고 한다. 그러나 그런 지 이틀 후에 그는 하나를 또 때렸고 이 폭행으로 하나는 또 다시 크게 부상을 입었다.

동거하고 알게 된 사실이지만, 이 남자는 하나와 함께 살기 전까지 한 달에 수백만 원씩 술집에다 돈을 갖다 부었다고 한다. 바나 카바레에서 돈을 흥청망청 뿌리다가 '봉 잡았다'고 여긴 술집여자들과 깊은 관계에 빠지거나 그런 여자와 동거를 했다. 그런 다음에는 여자가 밤에 일하러 나가지 못하게 하려고 여성편력을 반복했다는 것이다.

고등학교를 졸업하고 사업을 일으켜 나름대로 성공했지만 학력에 대한 콤플렉스가 있었다. 그래서 하나가 대학을 졸업하여 전문직에 종사하는 것을 매우 질투했다. 이러한 파란만장한 동거생활에도 불구하고 하나는 전남편과 이혼한 지 6개월 후에 그와 혼인신고를 했다. 하나가 이 남편에게서 빠져나와 피난소에 들어온 것은 그로부터 2개월 후였다.

피난소에 들어온 하나는 처음 얼마동안은 정말로 가정법원에 이혼조정 신청을 했다. 하지만 얼마 후 남편과 다시 연락하고 피난소 밖에서 만나기 시작했다.

들어온 후 수 주가 지나 이 사실이 밝혀졌고 피난소 운영위원들은 하나를 퇴거시키기로 했다.

이 몇 주 동안 남편은 금주를 선언하고 AA[60]에 출석하기 시작했다. 부부간 폭력의 가해자임을 알리고 한 심리 상담실에도 예약했다. 하나는 다른 상담실에서 상담을 받기 시작했지만 수 주 후 결국 부부싸움 끝에 남편의 옆구리를 찌르고 도망쳐서 지금은 한 곳에 숨어있다.

다행히 남편의 상처는 대단하지 않았지만 이러한 일이 있은 후에도 남편은 '무엇이든 하겠다. 하나와는 헤어질 수 없다.'고 했다. 하나도 이 말에는 아주 약해져 흔들리는 것 같다.

어쨌든 이 두 사람은 아직도 헤어지지 못하고 있다. 관계는 위험하지만 둘이 서로를 원하고 있다.

이 두 사람이 자신들의 상호의존 관계를 변화시켜 각자의 성장을 이룩하는 것과 한쪽이 다른 쪽에게 궁극적인 손상을 가하게 되는 것 중 어느 편이 빠를까? 지금 상담자들은 관심을 가지고 이 두 사람이 만나고 헤어지는 모습을 지켜보고 있다.

물론 두 사람이 상담을 청해오면 그때마다 응하기는 하지만 상담자가 이래라 저래라 지시하거나 충고하지는 않는다. 그런 충고를 해봐

---

60) Alcoholics Anonymous의 약자. 익명의 알코올중독자 모임. 음주를 조절할 수 없는 사람을 알코올중독자로 규정하고 술을 끊으려는 사람들의 자조그룹.

야 아무 의미가 없다는 것을 오랜 경험을 통해 배웠기 때문이다. 결국 그들은 자신들의 필요에 따라서만 움직일 것이다.

지금 그들은 공의존이나 '연애기벽[61]'에 대해 공부하여 그것을 알고 있다. 이런 것들이 알코올 의존증과 같은 기벽에 해당한다는 것도 알고 있다. 머리로는 이해하면서도 정작 헤어지지는 못하는 것이다. 기벽이란 그런 것이다.

사람이 기벽에서 헤어 나오는 시점은, 그것이 끝내 바닥을 드러내고 죽느냐 다른 삶을 모색하느냐 하는 마지막 선택의 기로에 놓였을 때뿐이다.

---

61) 연애기벽에 대해서는 R. 노우드의 <너무나 사랑하는 여자들> 참조.

부모들의 인간관계

하나의 아버지(샐러리맨)는 워커홀릭[62]이었다. 잠깐 동안 집에 있을 때는 물마시듯 술을 마시고 취하면 어머니를 때렸다. 그것은 과격한 폭력으로 어머니의 몸에는 늘 멍이 가실 날이 없었다고 한다. 하나는 이 두 사람의 장녀이고 세 살 터울의 여동생이 하나 있다. 아버지는 어린 딸들에게도 폭력을 행사했다.

언젠가 아버지가 어머니를 때릴 때 초등학생이던 하나가 끼어든 적이 있는데, 그 일로 어머니는 하나를 호되게 야단쳤다.

"모든 게 엄마가 잘못한 탓이야. 엄마가 아버지에게 말대답을 해서 맞은 거야. 아버지가 없으면 우리는 살 수가 없어. 네가 입고 있는 이 옷도 아버지가 일해서 벌어온 돈으로 산 거야."

아버지가 그럴 때 어머니가 내뱉는 대사였다.

그러면서도 어머니는 '너희들만 없었으면 진작 헤어졌을 텐데.'하

---

62) workaholic : 일 의존증

고 입버릇처럼 되뇌며 한숨을 쉬었다. 하나는 중학교에 들어가자마자 어머니 대신 아버지에게 수 없이 얻어맞았다. 마치 어머니를 곤경에서 구하기라도 하겠다는 듯.

그런데 이런 아버지는 마흔을 넘으면서부터 몸이 갑자기 허약해지고 정신적으로도 파탄에 이르러 자살미수를 저지르고 정신병원에 감금되었다. 이 무렵부터 부모의 세력판도가 바뀌었다. 아버지는 어머니가 늘어놓는 불평에도 말없이 참기만 했다.

결국 어머니의 '공의존 파워'가 아버지의 '근육 파워'를 능가하여 어머니가 일가의 지배권을 장악한 것이다. 그러고 나서부터 두 사람은 오히려 서로 사이좋게 밀착하는 것처럼 보였다.

이 무렵부터 어머니의 공격방향은 사춘기에 접어든 딸들에게로 돌려졌다. 잔소리가 많아지고 두 딸의 생활을 일일이 간섭했다. 책상을 마음대로 뒤지고 서랍을 정리하고 하나의 소지품을 멋대로 정리하다가 필요 없다고 생각하는 것은 하나에게 물어보지도 않고 버렸다.

어머니의 간섭을 견디지 못한 하나는 고등학교에 들어가자 스포츠에 열중하면서 집에도 들어가지 않고 집안의 가족관계에서 벗어나려고 했다.

그렇게 되자 하나 대신 여동생이 어머니의 간섭을 받기 시작하고 지배를 받게 되었다. 동생은 힘들다고 했지만 하나는 그런 관계에 끼어들지 않으려고 했다. 실제로 하나는 그 무렵의 자기 집을 거의 기억하지 못하는 것 같다.

그럭저럭 하는 사이에 하나의 동생은 결국 가출하고 말았다. 얼마 후 집에 돌아온 동생을 아버지와 어머니가 달려들어 마구 때리는 바람에 동생은 두 귀의 고막이 찢어졌다. 그때부터 동생은 다시는 집에 들어오지 않았다.

하나는 일부러 집에서 먼 대학에 입학하여 기숙사에 살면서 스포츠에 빠져서 시간을 보냈다. 부모들은 부모를 거역하는 하나를 받아들이지 않았고 '4년 동안 집에 돌아오지 마라.'고 했다. 그랬기 때문에 하나는 여름방학에도 혼자 기숙사에서 지냈다. 집에 돌아가 봐야 있을 곳이 없었던 것이다.

대학을 졸업한 후에도 계속 혼자 생활했다. 집이 있어도 돌아가지 못하는 외로움 때문인지 그다지 매력을 느끼지도 않던 직장 상사(7살 연상)와 결혼했다.

그는 상당히 고루한 사람이었다.

결혼을 하면서 어머니와 처음 떨어져 생활하게 된 남자는 혼자 오래 살아온 하나의 입장에서 보면 도무지 자립심이라고는 없는 사람이었다. 그 사실을 지적하면 어머니에게 전화를 해 울면서 불평을 늘어놓기까지 했다. 섹스도 거의 없었다.

하나는 결혼한 지 몇 달 후부터 이혼을 생각하게 되었고 6개월 후에는 별거에 들어갔다가 8개월 후에는 이혼했다.

이상이 하나가 살아온 과정이다. 그러면 하나와 재혼한 남편은 어땠을까?

그의 어머니는 그가 중학생 때 자식 넷을 남겨두고 바람이 나서 집을 나갔다고 한다. 장남인 그는 어머니를 대신해 세 동생을 보살폈다. 어머니가 필요할 때 그 자신이 어머니의 역할을 강요당한 것이다.

그의 아버지는 자영업자로 일을 잘했다고 한다. 성격은 소심하고 아내를 집 밖으로 나가지 못하게 하고 음식이 형편없다는 따위로 힐난하며 폭력을 휘둘렀다. 걸핏하면 식사 중에 밥상이 날아가는 형국이었다.

어머니는 열아홉 살에 장남을 낳고 잇달아 둘째를 낳고 집에 틀어박혀 남편의 불평과 폭력을 감내하며 지내다 결국 남편 밑에서 일하던 젊은 남자와 눈이 맞아 도망친 것이었다.

그런 부모에 대해 하나의 남편은 '그건 아버지가 잘못했다.'고 했다. 그러나 그 자신이 바로 아버지와 똑같은 짓을 하고 있다는 건 전혀 깨닫지 못하는 것 같았다. 아버지와는 반대로 그는 하나의 음식 솜씨를 입이 닳도록 칭찬했다. '우리 어머니가 해주던 맛이다.'하며 감탄했다. 걸핏하면 남자임을 내세우며 온갖 허세를 부리면서도 한편으로는 하나에게 어린아이처럼 매달려 한시도 떨어지려고 하지 않았다. 자기가 전화를 하면 언제든 하나가 따뜻하게 받아주어야 했다. 그는 그런 하나를 원했다.

부부의 폭력 속에서 자란 아이들

부부간 폭력 및 아동학대, 근친상간 등 세 종류의 가정 내 폭력에는 각각 차이와 특징이 있지만 빼놓을 수 없는 공통점도 있다.

이런 것들은 모두 개인의 비밀이라는 베일 속에 감추어져 있어 가정 밖으로 나오지 않는다. 본질적으로 모두 가정 내 권력자에 의한 권력의 남용이고 강자로부터 약자에게로, 연상으로부터 연하에게로, 남성으로부터 여성에게로 가해지는 힘의 압력이다. 가해자들(주로 남자)은 가정 안팎에서 체험하는 파워(권력)의 결손을 이런 식의 행동으로 보상받으려고 한다.

이들의 학대는 가족구성원이 가해자, 피해자, 기타의 세 종류로 나뉘어져 건강한 가족에게서 볼 수 있는 것과 같은 친밀한 상호관계를 유지할 수 없게 만든다. 그것은 자녀가 가족 안에서 자기의 일체성을 획득해가는 '안전한 장소'가 파괴되었음을 뜻한다.

그러한 위험한 장소에서 심리적으로 파탄자가 되지 않기 위해서는 부인, 회피, 투사, 분할 등 병적인 마음의 방어기제에 의존하지 않으면 안 된다.

각각의 의미는 다음과 같다.

부인 : 본 것, 존재하는 것을 보지 않은 것, 존재하지 않는 것처럼 하는 무의식 차원의 마음의 움직임

회피 : 관계에 말려들지 않으려고 무관심을 가장하는 반의식적인 태도

투사 : 무의식차원에서의 마음의 방어기제 가운데 하나. 악의 같은 자신의 감정이 상대에게서 나온 것처럼 느끼는 것

분할 : 자기와 자기의 애착대상을 각각 선과 악으로 나누어 각각이 별개로 병존하고 있는 것으로 간주하는 마음의 움직임

이러한 방어기제를 언제까지고 계속 이용하면서 문제의 해결이 미루어지는 동안 자녀들은 다음 세대의 가해자나 피해자로 성장한다.

부부간 폭력의 경우 자녀들이 스스로 폭력에 말려들어 피학대 아동이 되는 경우도 흔하다. 그러나 대부분의 경우는 자녀들이 학대당하는 어머니를 반복해서 보지 않으면 안 되는 목격자의 역할로 자리잡는다. 아니면 정서적으로 불안정한 어머니의 영향을 받으면서 자란다.

앞에서도 설명했듯이 부부간의 폭력 장면은 그 후 애착의 장면으로

바뀌기 마련이다. 이런 일이 번갈아 되풀이되는 건 당연한 결과다. 이런 일은 아이들에게 부모에 대한 나쁜 이미지를 완성하게 만든다.

그 결과 자녀의 마음속에는 '좋은 부모'와 '나쁜 부모'가 나뉘어서 존재하게 된다. '나쁜 부모'는 부인하거나 부모 이외의 타인으로 전화 轉化시키기도 한다.

한편 '좋은 부모'는 자신을 '야단치고 무시해도 당연한 존재'라고 느끼게 된다. 여기서 자녀의 건강한 정신발달에 핵심적 의의를 갖는 자기 긍정감각의 손상, 자기 평가의 저하가 시작된다.

이것은 자녀의 안정감을 위험에 빠뜨려 서둘러 '좋은 부모'가 되려고 그들이 애쓰기 때문이다. 이렇게 하여 가해자인 폭력적인 남자와 동일화하고 자신의 무력감을 환상적인 힘과 전능함으로 대치시키는 위험한 자녀들이 생기는 것이다.

부부간 폭력의 경우 피해여성도 자기도 모르게 남편을 도발하는 남성적 파워에 대한 희구가 있기 때문에 이것이 자녀들에게 투사되는 경우도 있다.

당연한 일이지만 그러한 부모의 이미지 성립에 즈음해서는 성性의 차이가 크게 영향을 미친다. 남자아이는 폭력적인 남자와 동일화하기 쉽고, 여자아이는 어머니와 동일화하여 공의존적인 인간관계를 지닌 여성이 되는 게 보통이다.

그들이 성장하여 배우자를 찾을 때는 자신의 병리에 맞는 파트너를 한눈에 보고 순식간에 감지해낸다. 파티 때 구석에 처박혀있어도 그런 여성은 프라이드만 지나치게 강한, 사회생활에는 그다지 수완이 없는 위험하고도 포악한 남자를 금방 찾아낸다.

이런 남자를 안아 기르고 성장시키고 자기만 사랑하는 성숙한 남자로 키워내는 일은 그녀에게는 평생을 걸어도 아깝지 않은 대 사업이다. 이것을 성공하면 부모와의 생활에서 금이 갔던 부분을 보완할 수 있다고 스스로도 깨닫지 못하는 사이에 생각하는 모양이다. 그에 반해서 '평범한 남자'를 만나고, 설사 아무리 사랑을 받더라도 지루해서 견디지 못하는 것이다.

"처음 만났을 때 그는 아버지를 그대로 빼닮았었다. 그래서 위험하다고 생각은 했다. 하지만 그와 같이 있지 않으면 쓸쓸해서 견딜 수 없었다."

하나는 이렇게 말했다.

이처럼 부모는 자녀의 인생을 지배한다.

제4장

가족에게 상처받은 아이들

아픈 아기

LP1610070138_조지호_아기 24종_저작권위원회

안전한 터전을 잃은 아이들

한 서른 살 청년이 연구소를 찾아왔다. 그는 '내 뱃속 깊숙한 곳에 벌레가 살고 있어요. 그 벌레가 여러 가지 냄새를 풍겨 사람들을 불쾌하게 만들기 때문에 모두 나를 멀리합니다.'라고 심각하게 말했다.

이 뱃속의 벌레를 퇴치하는 약을 원한다며 찾아왔다.

평소 그는 이 망상 때문에 오로지 집 안에만 틀어박혀 지냈다.

걱정이 된 그의 어머니가 여러 병원과 클리닉, 상담센터를 찾아갔지만 그런 곳에서는 정신분열증이라는 엄청난 진단을 내렸을 뿐이다.

그는 그런 곳에 한 번은 따라갔지만 두 번 다시는 가지 않았다. 지금은 약도 먹지 않는다.

그의 이름을 지우(가명)라고 하자. 도대체 지우는 어떻게 어린 시절을 보냈을까?

지우에게는 사업가로 성공한 훌륭한 외할아버지가 계셨다. 어머니는 이 외할아버지의 맏딸이었다. 그녀는 모 국립대학을 우수한 성적으로 졸업한 남자와 결혼했다.

아버지는 처가의 문벌이 막강했기 때문에 데릴사위가 되었다. 아버지는 자신의 앞날을 생각해서 데릴사위로 들어갔지만 결혼 초부터 운신의 폭이 좁다고 생각해왔다고 한다. 원래 약간 비뚤어진 성격도 있어서 그랬는지 갈수록 표정이 어두워지고 술에 취해 들어오는 날도 점점 많아졌다. 결혼한 지 1년도 안 되어 아내를 난폭하게 대하기 시작했다.

아내는 이런 남편을 이해하려고 했고, 새어머니에게 그런 사실이 알려지는 게 싫었기 때문에 자신의 부주의 탓으로 그렇게 되었다며 오히려 감싸주었다.

그런 사정도 작용해서인지 남편의 음주는 날로 심해져 갔다. 엘리트로 촉망받던 사람이기 때문에 나름대로 일처리도 잘했고 출세도 빨리 한 셈이었다. 그러나 점점 심해지는 폭음의 결과가 일에도 영향을 미쳤고, 이런 사실이 남편을 더욱 궁지로 몰아넣었다고 한다.

이런 긴장을 가진 부부 사이에 네 살 터울 두 아들이 태어났다.

큰아들 태우(가명)가 서울의 명문 중학교에 진학한 후 아버지가 지방으로 전근을 가게 되었다. 태우는 서울의 외가에 맡겨졌고 여덟 살이던 차남 지우(가명)는 부모와 함께 임지로 가서 살게 되었다. 지우에게 이 지방에서의 생활은 지옥과 같았다.

처가에서 멀어졌기 때문인지 남편의 폭력은 그칠 줄 모르고 점점 더 심해졌고 지우 어머니의 몸에는 상처가 가실 날이 없었다. 아버지가 어머니의 목을 졸라 실신시킨 적도 있다.

가엾게도 지우는 10대가 채 되기도 전에 이런 참극의 목격자가 되었다.

이런 혼란 속에서 어머니 역시 점점 폭력적으로 변해갔다. 사소한 일로도 어머니는 지우를 때렸다. 이제 지우에게는 어머니의 비호자 역할조차도 허용되지 않았다.

가재도구와 식기, 가구 등 살림살이는 모조리 아버지의 폭력 때문에 박살이 났다. 집이 이 지경이니 친구를 집에 데리고 올 수도 없었다. 낯선 지방으로 이사를 가서 새로운 환경에 적응하는 일만도 힘겨운 터에 지우는 집안의 혼란을 친구들에게 들키지 않으려고 노심초사해야하는 부담까지 안고 살게 된 것이다.

항상 우울한 얼굴에 말수도 적은 아이였기 때문에 친구들과 친해지지도 않았다. 중학교에 들어가자 금방 '집단 괴롭힘'의 표적이 되었고 그것을 계기로 지우는 아예 학교에 등교하지 않았다.

어머니는 화가 나서 지우를 더 심하게 때려가며 강제로 학교에 보내려 했다.

그리고 담임교사와 교육상담사에게 조언을 구하고 서울까지 가서 고명한 아동청소년신경정신과 의사와도 상담했다. 그러나 그녀는 자신이 남편의 폭력을 두려워하고 '학대받는 아내'라는 말은 단 한 마디도 언급하지 않았다.

오로지 아이를 학교에 보내려는 압박만으로는 효과를 거두지 못했고, 사태는 지우의 폭력을 유발하여 혼란의 도를 더해갔다.

　처음에는 어머니의 폭력에 맞서기 위해 시작한 그의 폭력은 곧 위험한 지경에 이르렀다. 특히 열네 살 때부터 수 년 간은 더 심했다. 이른바 가정 내에서의 폭력이다.

　먼저 어머니에게 폭력을 휘두르고 아버지에게 달려들어 팔을 부러뜨렸다. 세 들어 사는 집에 불을 지르고 대들보를 톱으로 썰어대는 행위는 마치 이 위험한 집안의 붕괴를 기도하는 상징과도 같았다.

　이 경우에도 피해자가 되는 사람은 여지없이 여성, 즉 어머니였다. 남편의 폭력에 상처가 가실 날이 없는 상황으로 내몰리던 이 여성은 이번에는 그나마 기대를 걸었던 아들에게 당한 폭력으로 몸과 마음 모두에 상처를 입었다. 아버지는 지우에게 처음 호된 공격을 받은 이후부터 아들을 피하려고만 했다.

　재미있는 것은, 이 무렵부터 아버지의 음주벽과 주정이 급속도로 가라앉기 시작했다는 점이다. 적어도 집 안에서는 거의 술을 마시지 않았고 절대로 난폭하게 날뛰지 않았다. 마치 아들이 몸으로 맞서서 아버지의 음주와 폭력을 막아내기라도 한 것처럼 잠잠해졌다.

　그러는 동안 지우는 폭력을 휘두를 기력마저 상실했는지 집 안에만 틀어박혀 지냈다. 이 무렵부터 '뱃속의 벌레'에 대한 망상이 생겨난 것이었다.

　지우에게 모든 타인은 자신의 안전을 위협하는 이물질이었다. 특히 어머니는 용서하기가 더 힘들었다. 그녀는 여러 조건을 제시하며, 그 조건을 충족시키지 않으면 그를 사랑하지 않겠다는 식으로 그의 마음에 쳐들어왔다. 그는 어머니가 준 과제를 완수하려고 필사적이었고, 그것이 불가능하다는 것을 분명히 알고부터는 정신없이 어머니의 자궁으로 회귀하려고 했던 것이다.

태아로 화化한 지우는 어머니에게 여러 가지를 졸라댔다. 그리고 이 요구가 채워지든 말든 상관없이 갈수록 난폭해져 갔다. 마치 부모에게 폭력을 휘두르는 의미를 잘 알아들으라고 절규하는 것 같았다.

지우가 열여덟 살 때 아버지가 돌아가셨다. 외출했다가 술에 취한 상태로 사고사를 당했다. 어머니와 지우는 다시 서울로 올라와 형 태우와 함께 살게 되었다.

당시 대학생이던 태우는 밤낮을 가리지 않고 집에만 틀어박혀 있는 동생을 어떻게든 밖으로 끌어내려고 끊임없이 노력했다. 지우는 이것을 질색하며 싫어했다. 어느 날 형에게 '참견하지 마!'라고 소리치며 형이 보는 앞에서 나이프로 자신의 손목을 긋고 자살을 기도했다. 이 사건은 미수에 그쳤지만 이 일을 계기로 태우는 집을 떠나 혼자 살기 시작했다.

형 태우의 그 후의 모습에 대해서는 이미 언급했지만(PP61~68), 태우 역시 부모의 혼란스러운 관계에 크게 영향을 받았다. 그는 지금도 결혼생활이 두렵고, 자신의 아이를 세상에 남기는 일 같은 건 상상도 할 수 없다고 한다.

트라우마란?

앞에 언급한 청년들과 같은 양육과정을 거친 이들이 안고 있는 문제는 무엇일까? 어떻게 하면 그들은 스스로를 지킬 수 있을까?

이 장에서는 그런 것들에 대해 설명하려고 한다. 그러기 전에 가족 내에서 생기는 트라우마[63]에 대해 설명해 둘 필요가 있어 먼저 살펴보려고 한다.

우리는 누구나 살면서 일정한 질서와 연속성을 찾으려고 한다. 이 질서와 연속성이 없으면 도저히 안심하고 살아갈 수가 없다. 다시 말해 오늘은 어제와 같았다. 내일도 오늘과 같을 것이다. 내일의 풍경도 오늘의 풍경과 같을 것이고 오늘 좋은 일이 내일도 역시 좋은 일로 여겨질 것이라는 인식이다.

그러나 자연재해나 갑작스러운 사고는 이러한 일상의 연속성을 차

---

63) 심리적 외상

단하고 사람이 살아가는 데 중요한 기반이 되는 안도감에 균열을 일으킨다.

재해나 사고를 체험한 사람은 그 체험 후에는 주위의 사물에 대해 체험 이전과 똑같이 신뢰할 수는 없게 된다. 이러한 심리적 외상 체험을 '트라우마'라고 한다.

사고나 재해만 사람의 마음을 위험에 처하게 하는 건 아니다. 오히려 다른 사람이 가하는 공격이나 폭력이 그 사람의 마음에 더욱 더 파괴적으로 작용할 것이다. 그 전형이 바로 전쟁이다. 사실 전쟁은 많은 사람들의 마음을 피폐시켜 왔다. 하지만 전쟁은 자신과 비슷한 피해를 당한 희생자들이 많다.

혼자만 특정한 타인으로부터 공격을 받은 상황에서 트라우마는 더욱 심각해지는 경향이 있다. 예를 들어 강도나 강간 피해를 당했을 때, 피해의 아픔도 크지만, 그러한 피해를 우연히 당하게 된 자신에 대한 자존감과 긍정적인 생각을 상실하기 마련이다.

이러한 사건에 휩쓸린 후엔 그 비참한 기억이 뇌리에서 좀처럼 떠나지 않는다. 잊으려고 해도 잊히지 않는 것이다. 평온한 생활 가운데서도 이러한 어수선한 회상은 여지없이 끼어든다. 사건 당시의 공포는 그 후로도 계속되어 편안하게 잠들 수조차 없다. 그리고 친했던 사람과의 관계도 서먹해진다.

함께 있으면 편안했던 사람이 전화를 걸어와 함께 외출하자고 해도 나가고 싶지 않고, 이야기도 하고 싶지 않다. '어차피 이 사람은 내

고통 같은 건 알지 못할 거야.'라는 생각에 사로잡힌다. 이렇게 스스로를 점점 고립시켜간다. 우울한 기분은 끝없이 계속되고, 그러는 동안 주위 사람들은 '저 친구 원래 저런 사람이었나?'하고 생각하게 된다.

이렇게 하나의 트라우마가 그 후 한 사람의 인생을 끊임없이 지배하게 되는 경우가 결코 드물지 않다.

이런 사람들의 비참한 생활을 개선하는 데 힘써온 전문가들은 이윽고 이들 여러 가지 트라우마의 후유증이 원인별로 서로 다르다고 생각할 수 없다는 결론에 도달하였다. 그리고 그러한 것들에 공통되는 증상을 '심리적 외상 후의 스트레스성 장애'라는 명칭으로 부르게 되었다.

이것이 2011년 소말리아 해적에 납치된 삼호주얼리호 구출과정에서 총상을 입은 석해균 선장을 이국종 교수가 치료하면서 널리 알려지게 되었고, 2016년 9월 12일 규모 5.8의 경주 지진과 2017년 11월 15일 규모 5.4의 경북 포항시 지역에서 발생한 지진 때 더 유명해진 PTSD[64]이다.

---

64) Post Traumatic Stress Disorder

트라우마를 초래하는 것

PTSD가 질병의 하나로 정신과 의사들 사이에서 거론되기 시작한 것은 1980년부터다.[65]

전쟁으로 인한 트라우마 후유증에 대해서는 1941년에 A. 카디너가 「전쟁으로 인한 트라우마」[66]라는 논문을 발표했다는 기록이 있다. 그 논문에는 PTSD에서 거론하는 사항에 대해 대강 설명해 놓았다.

예를 들면 '경악 반응'이라는 것이 있다. 전쟁에서 귀환한 사람은 비행기 소리만 들어도 공포에 질려 어쩔 줄을 모른다. 이처럼 소리나 냄새 등 트라우마의 발생상황을 상기시킬 수 있는 사소한 신호 때문에 과도한 각성 상태나 공포에 질린 상태가 급격하게 일어나 심장이 두근 거리거나 혈압이 오르고, 생리학적으로도 정상의 범주를 벗어난 현상

---

65) 이 해에 미국 정신의학협회가 작성한 진단통계 매뉴얼 제3판(DSM-Ⅲ: Diagnostic and Statistical Manual of Mental Disorders)이 발표되었고 그 가운데 PTSD가 실려 있다.

66) Kardinar, A : The Traumatic Neurosis of war. P Hoeber, New York, 1941.

이 일어난다. 그와 동시에 정서적 불안도 일으킨다.

한편 성적 학대를 포함한 아동학대에 대한 사례가 거론된 것은 1960년대 중반 이후이다. 그동안 우리 사회는 제2차 세계대전을 거치면서 나치스의 강제수용소에 갇혔다가 살아남은 사람들(생존자, Survivor)의 마음에 남은 상처에 대해 밝혔다. 그러한 사람들에게서 보이는 인격반응(무기력과 우울증)을 우리는 '강제수용소 증후군'이라고 부른다.

그러다가 다시 베트남 전쟁이 시작되고 미국 군인 중 상당수가 이 전쟁에 종군했다가 귀국하고도 무기력이나 불안에 시달리며 생활하는 사람이 많아졌다.

강간당한 여성 피해자를 돕기도 하고 부부간의 폭력으로 고통당하는 여성들을 도우려는 페미니스트들이 풀뿌리운동 차원의 활동도 시작했다.

1970년대에 들어서부터 아동학대에 관한 막대한 정보가 축적되었고, 페미니스트들은 특히 여자아이가 피해자인 성적 학대의 실태를 백일하에 드러내는 데 총력을 기울여왔다. 이렇게 다양한 현상이 관찰되면서 이윽고 PTSD라는 개념으로 정착되어 왔다.

현재 PTSD는 앞으로 설명할 두 가지 증상으로 정리할 수 있다.

하나는 '침입성 반응'이라 부르는 것으로 과도한 활동성이 특징이다. 또 하나는 '감정 둔감성 반응'이라 부르는 것으로 정신활동이 위축되어 감정이 둔해지는 반응이다.

반복해서 상처받는 사람들

침입성 반응은 좀 더 분명하고 알기 쉬운 반응이다. '뭔가를 하지 않고는 견딜 수가 없는' 과도하게 격앙된 상태로, 트라우마가 된 사건 이후에는 흥분이 계속되어 잠을 잘 자지 못한다. 이 때문에 알코올 남용이나 약물 남용과 같은 여러 가지 기벽[67]에 빠지는 사람도 나온다. '분노의 폭발'도 이런 상태일 때 자주 볼 수 있다.

그리고 앞서 언급한 경악반응이나 공포에 질리는 공황상태가 있다. 그것은 베트남 전쟁에서 귀환한 사람이 헬리콥터 소리만 들어도 그 자리에서 벗어나려고 하거나, 엘리베이터 안에서 강간을 당한 여성이 엘리베이터 앞에서 옴짝달싹도 못하는 형태로 나타나기도 한다.

또 너무나 끔찍해서 떠올리고 싶지 않은 기억이, 아무런 관련도 없는 자리에서, 예를 들어 조용히 책을 읽고 있을 때 문득 의식 안으로 침입해오는 '침입성 회상' 현상이 일어난다. 그것이 꿈에 나타나면

---

67) addiction : 嗜癖 유해한 습관

다름 아닌 악몽이 된다.

그러한 회상이 사건 당시에 느꼈던 공포나 식은땀 등의 생리반응과 함께 그대로 되살아나 체험하게 되는 것을 '플래시백(flash back)'이라고 한다. 플래시백에 빠지면 식은땀이 나고 한기를 느끼며 소름이 끼치는 등의 생리반응이 당시의 기억을 또렷하고 생생하게 재생시켜 그 상황으로 빠져들게 된다. 이런 일이 몇 번 반복되면 정말 살기 힘들다.

더욱 곤란한 것으로 '트라우마의 재연'이나 '재연기화(再演技化, reenactment)'라 부르는 것이 있다.

enact란 '극을 상연한다'는 의미다. 연기를 한다는 것은 일부러 의식하면서 하는 행위이지만, 이것은 무의식적으로 연기를 하게 되는 것이다. 예를 들면 성 학대를 당한 사람이 나중에 다시 한 번 성 학대에 마주치는 상황으로 몰고 가는 경우나, 성적 학대를 당한 사람이 매춘에 뛰어드는 경우가 많은 것도 이런 사실로 설명할 수 있다.

또 베트남전에서 귀환한 사람이 귀국한 다음에 살인을 계속하거나 외국 군대에 자원하여 전쟁에 계속 참가하는 등의 경우다.

스스로 컨트롤할 수 없었던 상황에서 받았던 마음의 상처를, 자신을 다시 같은 상황에 처하게 함으로써 재현시키고, 그럼으로써 이번에야말로 그 상황을 자신의 의지와 힘으로 지배하겠다는 시도라고 해석된다.

이 사실은 프로이트가 이미 '반복 강박'이라는 개념으로 설명한 바

있다. 프로이트의 이 발견이 다시 한 번 PTSD 문제를 더 깊이 이해하는 계기가 되었을 것이다.

프로이트는 이것을 '억압된 것의 회귀'라 불렀다. 원래는 심리적인 방어를 위해 자신의 의식에서 배제시켰지만 스트레스가 너무 강하기 때문에 그 억압되어 있던 것이 다시 '잘 있었나?' 하면서 돌아오는 것이다.

트라우마가 인생을 지배할 때

PTSD의 또 한 가지 증상으로 둔감성 반응이 있는데 오히려 이것이 더 중대한 문제다.

예를 들면 강간 피해를 입은 여성이 그 사건이 있은 지 5년 후에도 무기력하고 우울하다고 하자. 불안으로 인해 공포에 빠지거나 악몽을 꾸는 등은 그로부터 6개월 안에 이미 진정되었다면 사건의 영향은 그 6개월 안에 사라진 것이고, 뒤에 남은 무기력과 우울은 그 사람이 원래 가지고 있던 질병일 것이라고 해석하기 십상이다.

그러나 경악반응이나 악몽 같은 게 없어지거나 표면상 평온하고 침착하게 보였더라도 잘 관찰하면 사건 이후 심각한 인격 변화가 생기는 경우가 많다.

몸을 떨거나 땀을 흘리거나 소름이 끼치는 등 눈에 띄는 증상은 사라졌지만 인간관계에 있어서 깊은 정서적 관계를 피하고 혼자가 되는 경우를 종종 볼 수 있다.

친구와의 관계를 성가시게 느끼거나 배우자와의 관계도 이전만큼 친밀하지 않은 등, 다시 새로운 인간관계를 만들어가는 일을 주저하게 된다.

'이런 생각을 하면서 왜 살아야 하는가?'하는 자괴감에 빠지는 것이다. 그것은 '인생이란 아무런 재미도 없고 살아갈 가치조차 없다.'는 무기력한 감각이다.

그럴 때는 '실감정증'이라고 하여 신체적으로나 정신적으로 아픈 감각이 둔감해지거나 없어지는 경우가 있다.

이처럼 인간관계 안에서 신뢰를 잃고 혼자 틀어박히는 성향으로 변해 우울해지는 사람을 우리는 어떻게 치유할지 생각하지 않으면 안 된다.

이러한 트라우마에 의한 성격의 변화에 대해서는 H. 크리스탈[68]의 견해가 타당하게 여겨진다.

이것은 제2차 세계대전에서 살아남은, 특히 홀로코스트[69]의 피해자로 현재 미국에서 생활하고 있는 사람들을 조사하여 보고하는 가운데 설명한 '재난증후군'이다.

이 재난증후군의 특징은 우선 다음의 다섯 가지를 들 수 있다.

1) 커뮤니티 서포트[70] 이용 능력의 저하

---

68) Krystal, H.: Massive Psychic Trauma. International Universities Press, New York, 1968.
69) Holocaust : 1930~1940년대 나치스가 했던 유태인 대학살

2) 절망감을 동반하는 만성, 반복성 우울감

3) 몸 어딘가가 늘 좋지 않은 '심신증'

4) 정서적으로 마취를 당한 것 같은 '감정반응의 차단'

5) 실감정증

'1) 커뮤니티 서포트 이용 능력의 저하'는 예전의 자신 같으면 외로울 때, 주위의 친한 사람에게 '나, 외로워.'하고 호소하거나 '이렇게 해줘, 저렇게 해줘.'하고 거리낌 없이 자신의 요구를 표현할 수 있었는데 그것이 불가능해진 것이다. 이를 '고립화'라고도 한다.

트라우마에 의한 인격변화에서 특히 눈에 띄는 PTSD증상은 '해리解離'다.

해리란 스스로는 완전히 처리할 수 없는 압도적인 체험에서 자신을 지키기 위한 심리적 방어를 말한다. 원시적이라고 할 정도로 유아기에 국한된 게 아니라 성인에게서도 보인다.[71]

이 해리현상은 비교적 이해하기 쉬운 탓인지 정신의학계 안에서는 일찍부터 주목받아왔다. 19세기에 이미 프랑스의 신경학자 샤르코가 이에 주목했고, 프로이트도 관심을 가지고 그가 말하는 '히스테리' 증상의 일부로 이를 포함시켰다.

어린 시절 성적 혹은 신체적인 트라우마와 이 증상을 결부시킨 최초

---

70) Community support : 지연, 혈연 등의 연고 안에서 자신의 의지가 된 것
71) 한 연구자는 이것이 가장 흔히 이용되는 연령은 10세 정도라고 단정한다.

의 인물은 프랑스의 심리학자 잔느다.

해리성 장애에는 심인성 둔주遁走[72], 심인성 건망증[73] 등이 있는데 그 극단적인 형태가 '다중인격[74]'이다.

아동학대라는 실제상황이 세상의 관심을 끌면서, 특히 유아기의 성적학대와 다중인격과의 관련이 정신과 의사들 사이에서 관심을 끌고 있다.

다중인격은 A라는 인격과 B라는 인격 사이를 잇는 끈이 없어서 호흡의 리듬이나 맥박 등의 생리적인 기록까지 달라지는, A가 한 일을 B라는 인격이 기억을 하지 못하는 경우다. 이중인격 정도가 아니라 24개나 25개로 분할된 인격도 보고되어 있다.

다중인격의 경우 트라우마를 잊는다는 점에서는 견고한 방어기제가 구축되는 셈이다. 그러나 그 후에도 똑같은 트라우마가 생기기 쉬운 상황을 야기하는 경향이 있다. 결국 트라우마가 과거의 문제로서 제대로 자리를 잡지 못한 상태로 언제든 현실 생활에 생생하게 영향을 끼치는 것이다.

---

72) 가정이나 직장에서 갑자기 '증발'한 사람이 그 이유와 경위를 회상하지 못하는 따위
73) 사고로 가족을 잃은 사람이 자신은 상처가 없는데도 그 전후의 일을 전혀 회상하지 못하는 따위
74) 다중인격을 다루어 화제가 된 책으로 다니엘 키스가 쓴 소설 『다섯 번째 사리』, 그리고 실화로 『24명의 빌리 밀리건』 등이 있다.

증오에 대한 기벽

가장 흔한 해리성 장애 가운데 하나로 '이인증離人症'이 있다. 이인증이란 '자기가 하고 있는 일을 자기가 하고 있는 것으로 인식하지 못하고 마치 방관자처럼 자신의 행위를 지켜보고 있다'거나 '자신이 로봇이 된 것 같은, 마치 꿈속에 있는 것 같은 느낌'[75] 따위의 체험을 말한다.

이인증까지는 가지 않아도 '자신이 하고 있는 일에 전혀 현실감이 없'거나 '자신의 몸이나 그 일부가 자기 것처럼 느껴지지 않는' 이인감에 시달리는 사람도 있다.

어른들에게서 볼 수 있는 반복되는 악몽이나 플래시 백, 알코올 및 약물의존, 손목 베기를 비롯한 자해행위, 자살 기도 등의 배경에도 해리성 장애가 확인되는 경우가 있다.

---

75) 크리스탈은 이 증상을 '로봇화'라고 부른다.

심한 트라우마에 조우했을 때 사람은 다른 사람과의 그때까지의 관계로부터 떨어져 나와, 살아있어도 죽은 것 같은 매우 불쾌한 감각에 휩싸이게 된다. 그럴 때 저지르는 자해행위는 이런 불쾌한 감각을 완화시키는 효과가 있는 것 같다.

자해행위라는 기벽에 집착하여 이를 반복하게 되면 아픔에 대한 감각이 둔해지기 때문에 자해행위는 갈수록 자주 되풀이된다. 상황이 이렇게 되면 환자의 몸은 베인 상처나 타박상으로 뒤덮이는 기괴한 모습이 되기도 한다. 자해행위는 학대체험을 가진 사람에게서 높은 비율로 발생한다는 것이 확인되고 있다.

그리고 학대받은 나이가 어릴수록 그 사람의 공격성은 자신에게로 향한다고 한다. 이러한 사람들의 경우 자신 안의 공격성을 조절할 능력, 혹은 다른 사람의 공격에 대한 불안을 조절하는 능력이 약하다고 할 수 있다.

'불안이나 공격성(분노)을 조절하는 능력'이 저하되면 그것은 자신과 다른 사람에 대하여 '증오에 대한 기벽'을 낳는다.

예를 들어 베트남 전쟁에서 돌아온 군인 가운데, 부대에 충성심이 강했던 사람은 자신의 동료가 죽임을 당했다는 상황에 맞닥뜨린 후에 대량학살에 참여하는 경우가 많았다고 한다. 그런 유형 가운데 무서운 PTSD가 발생하고 있다는 보고도 있다.

'증오에 대한 기벽'이라는 말은 크리스탈이 나치스의 강제수용소에서 해방된 사람들의 그 후의 삶에 대해 설명한 말이기도 하다.

그들은 어딜 가든 누구를 만나든 다른 사람에 대한 불안이나 분노에 압도당해 순조로운 인간관계를 만들지 못한 채로 인생에서 도피하는 결과를 낳게 된다.

그런 사람들 가운데 알코올이나 약물 의존증이 되는 사람들이 적지 않다. 그들은 자신을 구제할 수 있는 방법이 그것뿐이었던 것이다.

유괴놀이를 하는 아이들

PTSD는 오랜 잠복기 후에 나타나는 경우가 있다. 그리고 반드시 사건 → 급성(침입성) 반응 → 만성(둔감성) 반응의 순서를 좇아 차례로 나타나는 것도 아니라고 한다.

1940년대 미국에서 '코코넛 그로브 파이어Coconut Grove Fire'라고 불리는 나이트클럽 대화재 사고가 있었는데, 이 화재 때 피해를 입은 사람 가운데 40년이나 지난 1981년에야 PTSD 증세가 나타난 예가 있다.

더구나 이 증상의 원인이 과거의 대화재였다는 것이 밝혀진 것은 그로부터 3년 후인 1984년이었다.

처음에는 심장이 이상하게 두근거리는 이른바 급성 증상이 나타났다고 한다. 이 사람은 증세가 나타난 1981년에 이미 50세가 넘었는데, 이러한 증상이 40년이나 전에 경험한 10살 때의 대화재 사건과 관련이 있을 것이라고는 본인조차 꿈에도 생각지 못했을 것이다.

트라우마와 증상출현의 시기 사이에는 다양한 폭이 있다. 트라우마로부터 수년이 지나 무서운 악몽에 시달리는 경우도 있다.

또한 중년기의 알코올 의존자나 우울증 환자, 사춘기와 청년기의 섭취장애자[76], 약물 의존자, 그리고 경계성 인격 장애자[77] 중에서도 아동기의 트라우마 후유증을 가진 사람이 적지 않다.

베트남 전쟁에서 돌아온 군인들에게서는 그 후에 한 결혼이나 이혼이 스트레스가 되어 PTSD 증상을 나타낸 경우도 있었다. 이 가운데 부인이 아기를 낳는 스트레스 정도만으로 사라진 사람도 있다. 증상이 나타나기까지 평균 15년 정도가 걸린 셈이다.

만담 중에 한 남자가 칼잡이들이 칼 쓰기 훈련하는 곳을 지나다 목이 동강나고도 그걸 모르고 몸뚱이만 걸어가더라는 이야기가 있는데, 그런 상황이 이 PTSD에도 일어날 수 있다. 자신의 상처를 깨닫지 못하는 것이다.

그런 이유로 앞으로의 PTSD연구에서는 트라우마가 생긴 시점에서의 증상을 억눌러두고 시간의 경과와 함께 그것이 어떻게 변하는지 연구[78]하지 않으면 안 된다. '차우치라'의 어린이 유괴사건추적연구는 많지 않은 그런 연구 중 하나다.

1978년 캘리포니아 주의 차우치라라는 마을에서 스쿨버스가 납치

---

76) 과식증이나 거식증을 말한다. 이상하게 과식을 하거나 먹지 않거나 하는 증상.
77) 특정한 인물과의 관계가 매우 혼란스러워 충동이나 분노의 통제가 곤란한 사람.
78) 이러한 연구를 '프로스펙티브(장래를 향한) 연구'라고 한다.

되어 그 버스에 타고 있던 5세부터 14세까지의 어린이 26명 전원이 유괴 당하는 사건이 발생했다. 그 후 학생들은 무사히 풀려나 일상생활로 돌아가긴 했지만 4년 후에 조사해보니 그들 대부분에게 악몽이나 플래시 백 등의 PTSD 증상이 농후하게 남아있었다고 한다.

그들은 모든 일에 수동적이 되어 자신들의 장래에 대해 기대를 할 수 없는, 일종의 시간 감각의 장애까지 초래했다고 한다. 게다가 그들은 친구끼리 유괴놀이를 하고 있었다니까 정말 이상하기도 하고 불쌍하기도 하다.

앞에서 말한 재연기화를 하는 셈이다.

사람에 따라 반응이 다른 이유

PTSD 증상에 영향을 미치는 요인으로는 다음 몇 가지를 고려할 수 있다.

우선 당연한 것으로 스트레스가 된 사건의 강도를 생각할 수 있다. 같은 강간이라도 그 때의 상황이 어땠는지, 어느 정도의 피해였는지에 따라 증상의 정도도 달라진다.

두 번째로 소질素質의 문제가 있다. 일반적으로 같은 정도의 스트레스라도 전혀 반응이 없는 사람이 있는가하면 민감하게 반응하는 사람도 있다.

세 번째로 이것은 소질과 구별하기 곤란한 경우가 많은데, 정신발달의 초기에 트라우마가 있었는지 없었는지가 PTSD의 정도에 많은 영향을 미친다.

베트남 전쟁에 종군한 군인의 경우 특히 PTSD가 심한 사람은 나이가 든 사람보다는 젊은이들이었다. 이처럼 인생의 어느 시기에 트라우마를 체험했는가가 중요하다. 특히 어릴 때 받은 트라우마는 큰 후유증을 남긴다.

네 번째로 사회적인 협조 시스템이 어떠했는가도 증상의 강도에 영향을 미친다.

예를 들면 드리마일 섬의 원자력발전소 사고를 당했던 주민들을 보면 그때까지 이웃, 지인 등의 사회적 지원을 얻지 못하고 고립하는 데서 새로운 스트레스를 받는 것을 볼 수 있다.

우리나라에서도 경주와 포항 지진으로 피해를 입은 사람들을 대상으로 하는 이런 면에서의 연구가 필요하다. 포항 지진 피해자에 대해서는 몇몇 연구팀이 작업에 착수했으므로 머지않아 어떤 형식으로든 보고가 이루어지리라 믿는다.

여기서 특히 문제가 되는 것은 자녀가 부모에게서 트라우마를 받은 경우다. 자녀에게 부모는 심신발달에 필수인 애정을 공급받는 기지나 본거지와 같다. 따라서 이처럼 중요도 면에서 절대적인 사람에게 신체적, 정신적으로, 혹은 성적으로 학대를 받을 경우 마음에 남는 상처는 성인과는 비교도 되지 않을 만큼 크다.

다섯 번째로 문제가 되는 것은 어떤 피해를 입은 사람이 그 피해 이전에 또 다른 피해를 받았는가 안 받았는가의 여부다.

예를 들자면 부모에게 신체적, 정신적, 혹은 성적인 학대를 받은 사람이 강간 피해를 당한 경우 그 트라우마는 더욱 심각하다. 아동기에 이미 받은 최초의 트라우마로 인해 인격 변화를 일으키고 있을 터인데, 거기에다 그 다음에 받은 트라우마가 더해지는 식이다.

그런 이유로 여섯 번째는 인격 요인이 문제가 된다. 이 경우에는 신중하게 진단해야 한다. 예를 들어 원래 우울증 성향이 있는 사람이 강간 피해를 당했을 경우, 그 후의 우울증은 더욱 심각해진다. 여기서 강간 이전의 우울증이 아동기에 부모에게 받은 학대 때문에 생긴 경우가 있기 때문이다.

이런 사람은 의사가 진찰하고 나서 '이 사람은 원래 우울증 성향을 가지고 있었기 때문에 증상이 심해진 것이다.'라고 결론 내렸다면 그 사람을 효과적으로 치유할 수 없다.

그러므로 PTSD에 시달리는 사람을 돕거나 치료하는 입장에 있을 때는 이러한 점을 충분히 고려해야 한다.

부모에게 받은 마음의 상처

 어릴 때 부모에게서 받은 트라우마, 즉 아동학대 문제를 좀 더 자세히 살펴보자.

아동학대에는 신체적인 것, 심리적인 것, 성적인 것, 그리고 버림받은 아이 같은 네글렉트[79]가 있다. 이 가운데 신체적 학대는 1930년대부터 주목받기 시작하여, 1961년 미국 소아과 의사들이 '피학대아 증후군'이라는 용어를 사용하면서 세상에 널리 알려졌다.

소아과 의사가 처음 관심을 가지게 된 것은 이 문제가 3세 이하 유아의 큰 부상이나 사망의 원인으로 먼저 밝혀졌기 때문이다.

이런 큰 사건조차 부모가 가해했는지를 묻기까지는 엄청난 시간이 걸린 셈이다. 그러니 심리적 학대와 같은 '눈에 잘 보이지 않는 폭력'이나 우리가 말하는 '부드러운 폭력'에 대해서는 아직도 밝혀야 할 것이 산적해 있다.

---

79) neglect : 육아를 포기해버리는 것

여기서는 우선 아동을 학대하는 가족 내 트라우마와 관련해 확인해 두어야 할 사항을 몇 가지 정리해보자.

폭력을 휘두르는 부모를 가진 어린 자녀에게는 여러 가지 문제가 생긴다. 그 중 하나가 공격성이다. 앞서 언급한 바와 같이 부모의 공격을 정면으로 받으면서 자란 아이는 '불안과 분노를 조절하는 능력'의 발달이 저하되기 때문에 당연히 공격적이 된다. 이것이 흔히 '희생자가 가해자가 되는 길'이라고 말하는 것이다.

이것은 자신이 자녀를 가지게 되었을 때 아이를 희생자로 삼는 경우도 있고, 동료 그룹 내에서 집단 괴롭힘의 행위로 나타나기도 한다. 또 부부관계에서 부부간 폭력의 가해자 역할을 하는 경우도 있다.

이에 대해서는 남자아이와 여자아이 사이에 현격한 차이가 보인다고 밝혀져 있다.

간단히 말하면 여성이 좀 더 스스로를 파괴하는 행위 즉, 손목을 자르는 등의 자해행위로 치닫거나 우울증이 심해져서 자살을 꾀하는 등 자신을 파멸시키는 형태로 나타나기 쉽다. 한편 남자의 경우는 타인을 원망하며 폭력을 휘둘러, 말 그대로 가해자가 되는 경우가 많다.

부부간 폭력이 반복되는 부모 밑에서 자란 자녀의 경우, 대부분의 남자아이는 성장하고 나서 가해자인 남편의 역할을 그대로 답습하게 된다.

이에 비해 얻어맞고 욕설을 듣고 학대 당하는 어머니를 보며 자란 여자아이 중에는 어머니와 같은 피학대 아내의 입장에 언제까지고 매여지내는 여성을 많이 볼 수 있다. 사실 장기간 남편의 폭력에 방치된 여성들 대부분이 학대당하는 어머니를 보며 자란 여성들이다.

성적 학대의 경우, 여성이 피해자가 되는 일이 압도적으로 많다. 이런 피해자는 으레 현저한 감정 둔감을 보인다.

그러나 그 일부는 매춘과 같은 반사회적인 행동으로 이어가는 경우도 있다.

미국에서는 아동기의 성적 학대 피해자 비율이 9~14%[80]나 된다. 놀랍게도 이것은 공식적으로 드러난 사례만 모은 통계다. 우리나라 여성들을 대상으로 한 조사에서는 건강하다고 판단되는 평균연령 23세의 여성 52명 가운데 9명, 즉 17%[81]에서 아동기의 성적 학대 피해를 볼 수 있었다.

근친상간의 경우에는 감정둔감으로 이어져 해리슨 장애가 발생하고, 이것이 심해져서 다중인격에 이르기 쉽다고 한다. 그러나 심각한 이탈성 장애가 근친상간에 의해서만 생긴다는 의미는 결코 아니다.

최근의 사례 가운데, 생후 11개월 된 아기를 욕조에 빠뜨려 죽인 여성이 있는데, 그녀는 근친상간 피해자가 아니었다. 오히려 어머니에게 과도한 지시와 감정적 학대를 당한 사람이었다. 이 여성의 경우 다중인격이라고까지 말할 수는 없지만 상당히 심각한 해리 체험을

---

80) 14세 이하의 어린이들을 대상으로 한 자료
81) 근친상간과 강간에 대한 18세 이하 아이들의 데이터

확인할 수 있었다.

　그리고 빼놓을 수 없는 것이 '학습곤란'이다. 부모에게 학대를 받아 트라우마에 노출된 아이는 자기 평가가 저하되는 때문인지 학습능력이 저하되고 성적도 나빠진다.

　성적 학대를 받은 여자아이가 성적이 갑자기 나빠져, 이것이 문제를 발견하는 단초로 이어진 사례도 있다.

　앞에서 말한 정신감정을 받은 여성의 경우, 강박적일 정도의 고집쟁이로 남에게 지는 걸 아주 싫어하는 사람이라 학교에 결석도 한 번 하지 않고 교육대학을 졸업하여 교원자격을 가지고 있었지만 지능지수IQ는 70정도의 경계수준[82]이었다.

　이 사람의 낮은 IQ는 태어날 때부터 가지고 태어난 것이라기보다는 트라우마 때문에 정보처리(인지) 기능이 왜곡되어 나타난 것이라고 보인다.

---

82) 정상과 정신지체의 경계

아동학대는 정신장애의 원인

앞의 챕터에서 소개한 여성의 경우 결국에는 자식을 죽이는 형태로 '희생자가 가해자가 되는 길'을 걸어왔다.

정신과의 임상에서 보면 그녀가 '희생자에서 환자가 되는 길'을 걸었더라면 좋았을 걸 하는 생각이 든다. 실제로 정신과 환자의 부모 자식 관계를 면밀히 살펴보면 PTSD 상태에 있는 사람들이 상당수 있다.

예를 들어, 성인 정신과 입원환자에 대해 조사한 정신과 의사들[83] 은 그 43%가 심한 신체적 내지 성적 학대가 있었음을 발견했다. 이 경우에도 성별에 따른 차이가 커서 여성 53%, 남성 26%였다고 한다.

아마 남성은 '가해자 → 범죄 → 형무소' 과정을 거쳐 가는 경우가 많기 때문일 것이다.

---

83) Carmen, E.H, Reiker, P.P., & Mills, T.: Victims of violence and psychiatric illness. American Journal of Psychiatry, 141: 378~379, 1984.

하버드 메디컬 스쿨의 B. 팬 델 콜크 팀[84]은 주립 정신병원에 입원한 여성 환자 28명의 카르텔을 오랜 기간에 걸쳐 조사하였다. 그 가운데 12명이 근친상간이 있었고, 10명은 없었다는 것을 확인했다. 나머지 4명은 기록 불명으로 근친상간 여부를 밝힐 수 없었다고 한다.

전에 근친상간 피해를 입었던 환자는 병원 간호사와의 접촉이 다른 사람들에 비해 두드러지게 많았다고 한다. 병명은 장기 요양하는 동안 변하는 경우가 많았고, 최종적으로 정신분열증이라고 판정받았다. 그 전에는 감정 장애(조울증, 우울증)나 물질남용(알코올, 약물 의존) 진단을 받은 시기도 있었다고 한다. 요컨대 진단명을 확정짓지 못했다는 의미일 것이다.

사실 약물치료는 이들 환자들에게는 그다지 효과가 없었다. 현재의 정신의학은 아직 PTSD에 대해 널리 이해하지 못하기 때문에 기존 진단분류에 정확하게 적용되지 않는 환자가 상당히 많다. 따라서 사회에 부적응을 일으키고 장기간 정신병원에 있는 사람은 결국 정신분열증이라고 판단해버리는 경향이 있다.

하는 행동이나 생각하는 것이 이상하여 스스로도 괴로워하지만, 정신과 의사들은 정신분열증이라 딱 잘라 말할 수는 없고, 우울증이라고도 할 수 없는 사람에게, '경계성 인격 장애'라는 진단을 내리는

84) van der Kolk, B. A. : The psychological Consequences of overwhelming life experiences. in: (Bessel A. van der Kolk, ed.) Psychological trauma, American Psychiatric Press, Inc., : Washington, DC, 1987.

경향이 있다.

B. 팬 델 콜크의 동료인 주디스 하먼 팀[85]은 경계성 인격 장애라고 진단받은 환자의 67%에서 아동기의 성적 학대를 볼 수 있다고 보고한 바가 있다.

주목해야 할 것은 그때까지의 증상이 좋아지지 않고 지지부진하여 좀처럼 나아지지 않던 사람이 과거의 성적 학대 사실이 밝혀진 시점부터는 눈에 띄게 좋아졌다는 점이다.

경계성 인격 장애 외에도 과식증으로 진단받은 사람 가운데 약 30%가 근친상간을 포함한 성적 학대를 당했다는 보고도 있다. 최근 연구로 보더라도 35%정도라고 보는 것이 타당하다.

이처럼 지금까지 정신과 의사가 정신분열증이나 우울증, 혹은 경계성 장애나 과식증으로 진단한 많은 경우에, 아동기의 신체적, 정서적, 성적 학대에 의한 PTSD가 관련된다고 보이는 증거와 사례가 포함되어 있었던 것이다.

그것은 결국, 과식증의 경우, 과식증 증상에만 집중하여 그 증상만 치료하려고 한 것은 잘못이라는 결론이다.

한 미국 정신과 의사는 '앞으로 3대에 걸쳐 부모가 자녀를 학대하지 않는다면, 지금은 두꺼운 책으로 된 정신과 진단 통계 매뉴얼은 그

---

85) Herman, J.L., Perry, J.C. & van der Kolk, B.A.: Childhood trauma in Boderline Personality Disorder, American Journal of Psychiatry, 146: 490~495, 1989.

동안에 점점 얇아져 팸플릿 같은 얇은 책자가 될 것이다.'라고 술회하였다.

다음 세대의 자녀를 안전하게 기르는 일 이상으로 효과적인 정신의학적 예방책은 없을 것이다.

수원 아동학대 포스터

가족에게 받은 마음의 상처 회복

앞에서 거론한 청년의 경우, 부모의 '노골적인 폭력'도 있었지만 동시에 '보이지 않는 학대'에도 노출되어 있었다.

어머니의 친정 가문, 아버지나 형의 학력은 그에게 무언의 압력을 계속 가중시켜 왔을 것이다. 그가 등교를 거부했을 때 어머니는 그에게 폭력을 휘둘렀다. 그러나 그보다 더 괴로웠던 것은 어머니가 그에게 가졌던 기대 아니었을까? 그는 어머니의 기대에 흡족하게 부응하지 못하는 자신에게 스스로 혹독한 처벌을 가하기 시작한 것이라고 보인다.

그는 어머니에 대한 아버지의 격심한 폭력의 목격자 역할도 또한 강요당했다. 이 또한 심각한 심리적 학대에 해당한다.

그의 내부에는 아버지에 대한 분노가 끓어오르면서, 그 자신 또한 타인에게 폭력으로 대응할 수밖에 없는 사람이 되었다. 이 점을 알고 있었기 때문에 그는 10년 이상을 집에 틀어박혀 지냈던 것이다.

요컨대 그는 부모와의 관계에서 생긴 트라우마에 인생을 지배당했다. 사실 그는 그런 뒤에 형과 함께 어떤 과정을 거쳐 회복이랄지 성장이랄지 아무튼 그런 길로 발을 들여놓았다.

그에 대해서는 제1장에서 이미 언급했지만 이 형제와 같은 사람들을 '어덜트 칠드런AC'이라고 한다. '부모와의 관계 안에서 정서적인 상처를 입으면서 어른이 된 사람들'이라는 의미다.

어덜트 칠드런이 그 트라우마 후유증PTSD을 어떻게 다시 극복하는가 하는 점에 관한 통계적인 연구는 바야흐로 시작되었다. 그리고 이미 몇몇 효과적인 방법이 보고되어 있다. 그 점에 대해서는 이 책에서 하나하나 설명할 것이다.

제5장

안전한 곳을 찾아

사랑스러운 아기

LP1610070138_조지호_아기 24종_저작권위원회

치유와 성장

　　지금까지 여러 어덜트 칠드런을 소개했다.

　조용하고 다소곳하고 고고한 AC, 부모나 주위 사람들에게 분노를 터뜨리는 AC, 사회적으로 좋은 입장에 설 수 있었던 유능한 AC, 정신장애 진단을 받고 의료보호대상이 된 AC, 할아버지나 할머니에게 알코올 중독증이 있던 AC, 가족 중에 알코올 중독자가 없는 AC, 여성 AC, 남성 AC, 중고생 AC, 사춘기AC 등 모두가 현재 우리 주변에 있는 사람들이다.

　이들이 발견된 계기는 너무나 다양하다. 환자로 찾아온 사람, 환자 가족이나 친지로 동반한 사람 외에도 의료 팀의 동료로 함께 일하는 사람도 있다.

　어쨌거나 그들은 어떤 형태로든 자신을 어덜트 칠드런이라고 깨달은 사람들이다. 그렇게 깨닫기까지 이른 계기에는 그들 각자에게 '살아가기가 힘들다'는 느낌을 안고 있었던 측면이 있다.

이 살아가기 힘들다는 느낌은 미묘한 것이라 잘 들어보면 '나다운 삶을 살아갈 수 없다.', '다른 사람과 대등하고 친밀한 관계가 성립되지 않는다.'는 등의 공통된 고민이 있다. 어덜트 칠드런은 어린 시절에 겪었던 가족 내의 트라우마 때문에 마음의 발달이 그 시점에서 정지된 사람이다. 바로 그것이 그들의 대인관계를 어렵게 만든다.

여기서 말하는 '마음'이란 정서적인 느낌이나 그 표현임과 동시에 자신과 세상(외계)과의 관계를 파악하는 방식(세계관)이나 자신을 인식하는 방식, 그 자신이 살아가는 데 대한 의미부여 등을 모두 포함한 말이다.

마음의 기능 가운데 세계관, 자기 인식, 삶의 의미부여 등은 일괄적으로 '스피리추얼리티(Spirituality 영성)'라고 하며 '영혼'이라고 부르기도 한다. 어덜트 칠드런의 마음의 성장은 정서적 부분과 영혼 부분의 발달이 뒤처진 것이다.

어덜트 칠드런에게 세상(외계)은 자신을 박해하는 두려운 존재이며 다른 사람에게 박해를 받고 제외당하는 자신은 박해를 피하기 위해 카멜레온처럼 변하는 일체성이 부족한 존재이다. 이러한 자기 인식을 안고 있으면 '살아가는 게 두렵다'는 생각이 드는 건 당연할 것이다.

어덜트 칠드런의 치유와 성장이라고 하면 그 대상은 그들의 마음속에 있는 이런 부분이다.

다른 사람과 친해지지 못한 남성

한 서른한 살 남성의 최근까지의 생활은 '남에게 사랑받지 않아도 좋다. 뜻을 높이 가지고 나의 길을 가겠다.'는 것이었다. 복지 관련 공무원으로 무사히 업무를 완수하고 인간관계도 특별한 문제가 없었지만 '남과 친해지지 않는다.'는 고민은 상당히 오래 전부터 가지고 있었다.

그는 권력자이고 거칠었던 할아버지와 그 할아버지의 폭력을 견디면서 '불행'한 삶을 살아온 어머니의 불평을 들어주는 역할을 떠맡으면서 말없이 일만 하는 아버지[86)와 대화도 거의 나누지 않는 환경에서 살아왔다.

할아버지에게는 여자가 많았다. 어떤 부인이 찾아오면 어른들은 모두 자리를 비우고 왜 그러는지 누구도 말해주지 않았다.

---

86) 이 아버지가 바로 어덜트 칠드런이다.

이 남성[87]은 초등학교와 중학교를 다니면서 친구들과의 사이에 편안한 관계를 만들지 못하고 언제나 집단 괴롭힘을 당하는 피해자였다. 그러나 그는 친구들과 영합하기를 거부했고 유년시절 내내 프로야구, 축구 그리고 연예인들을 화제로 하는 대화에도 끼지 못했다. 그는 만화나 TV와도 인연이 없었다.

고등학교 때 등산과 별자리 관측의 매력을 알게 되어 동호인 몇몇과는 비교적 친밀한 관계를 가졌고 그 중 몇몇과는 지금도 교류가 이어지고 있다. 대학에서는 철학을 전공했는데 자신이 어떤 사람이고 무엇을 하고 싶은지 알지 못하는 것이 이 학과를 선택한 이유였다고 한다.

대학졸업이 코앞에 다가와도 취직을 하지 않았다. 이른바 프리랜서를 하면서 '산과 별'에 탐닉하며 시간을 보내다가 졸업 후 2년 만에 공무원시험에 합격하여 도내의 복지관에서 사회복지사로 일하게 되었다.

이 일에 종사하다가 많은 알코올중독증 환자와 기능부전 가족과 만나게 되었다. 이때 어덜트 칠드런 성향을 가진 사람은 이 업무를 아주 대단히 싫어하든가, 아니면 그 일을 계기로 자기를 발견하는 작업에 착수하게 된다.

그는 직업을 통해 알게 된 사회복지사 동료로부터 어덜트 칠드런과 그 회합에 대해 들었다. 그가 이 일에 관심을 가진 것은 취직 전에

---

87) 이 사람도 정확하게 말하면 어덜트 칠드런이다.

잠깐 사귀던 여자 친구가 어덜트 칠드런이었고[88], 그녀와의 만남과 이별을 돌이켜보고 싶었기 때문이라고 말한다. 하지만 그에게 어덜트 칠드런이라는 용어를 가르쳐준 친구는 더 직접적으로 '너도 어덜트 칠드런이라고 생각한다. 회합에 나와 보는 게 좋을 것 같다.'고 말했다고 한다.

결국 그는 이 조언을 받아들인 셈이다. 그러나 그것은 자신 안에서 '삶의 괴로움'에 대한 감각이 너무 커져 도저히 어떻게 해볼 수 없는 상황까지 와있었기 때문이다.

공공기관에 있으면서 타인을 돕는 일에 종사하는 사람이 스스로 도움을 요청하며 셀프 헬프 그룹에 뛰어들기는 아주 어렵다. 그런데 그는 감히 그 어려운 일을 해냈다.

그는 처음 AC미팅에 참가하여 다른 사람의 이야기를 들으면서 이유도 없이 눈물이 흐르는 데 당혹도 하고 감격도 했다고 한다. 그제야 겨우 자신이 있어야 할 자리를 발견했다는 느낌이 들었다는 것이다.

그러나 1년 정도 지나자 회합에 참가하는 일이 귀찮아지기 시작했다. 회합이 끝난 후 참가자들은 근처 카페에 들러 담소를 나누곤 했는데[89] 이 남성은 이런 자리에 끼는 일이 매우 서툴렀다.

초등학교부터 대학까지 이 남성이 사람들과 친밀한 관계를 만드는 데 방해를 받았던 똑같은 문제에 부딪히면서 그의 AC회합에 대한

---

88) 아버지가 알코올중독자였다.
89) 참가자들은 이것을 '펠로우십(fellowship, 친목)'이라고 말한다.

관심은 급속도로 위축되었다. 그리고 '삶의 괴로움'에 대한 느낌은 다시 절박해졌다.

그러나 '지금 생각하면 AC회합 참가는 결코 낭비가 아니었다.'고 이 남성은 말한다. 일주일에 한 번씩 회합에 참가했던 1년 동안 그는 기억에서 밀려나있던 자신의 어린 시절을 회상해냈다. 그것은 그야말로 트라우마의 기억이었고 그 기억의 단편들과 마주하는 일에 지쳐버린 것이 회합에 나오지 못하게 된 진짜 이유였는지도 모른다.

회합참가는 결과적으로 그에게 새로운 인맥을 가져다주었다. 거기서 얻은 정보 중에는 미국에서 실시하는 리프로세싱 리트리트[90]라는 명칭의 워크숍 참가자 모집이 있었다. 이에 대해서는 나중에 설명하겠지만, 요점은 자신이 지금까지 조우했던 트라우마와 안전한 장소에서 직접 마주하여 그것을 재연기하는 일종의 정신요법이다.

이 남성은 거기에 참가하여 예전에 느끼지 못하던 따스함과 안도감을 그 안에서 느꼈다. '너의 지금 그대로가 좋다.', '너의 있는 그대로 이 세상에 받아들여지고 있다.'는 메시지를 들은 것 같았다.

이 워크숍 이후 그는 30년 동안 자신을 에워싸고 질식하게 만들던 집을 떠났다. '왜 이런 집을 싫어하면서도 떠나려 하지 않는지 알수가 없다.'고 이 남성은 말한다.

직장 동료들과의 교제도 전보다 편해졌다. 자신이 그들에게 받아들여지지 않는다든지 비판을 당한다는 생각에서도 벗어났다. 그는 만난

---

90) reprocessing retreat 개인사 재구성

지 몇 년 지난 여자 친구와의 교제도 더 친밀해지고 머지않아 결혼할 것이라고 한다.

이상은 한 어덜트 칠드런의 최근 몇 년간의 변화다.

눈에 띄게 두드러지는 문제가 없는 조용한 사람이라 그 변화도 조용했다. 그렇기 때문에 어덜트 칠드런의 회복과 성장을 더욱 더 알기 쉽게 대변한다고 생각한다.

그의 성장은 스스로의 문제에 이름을 붙이는 일에서부터 시작되었다. 다시 말해 어덜트 차일드, 그의 경우 정확하게는 어덜트 그랜드 차일드로서의 자각이 무엇보다 먼저 필요했던 것이다.

'다른 사람의 사랑 따위는 필요 없다.'는 오만을 어덜트 칠드런의 행동 특징이라고 이해하고부터 그의 영혼은 다시 성장하기 시작했다고 할 수 있다.

트라우마나 상실체험의 기억과 직면하여 참거나 혼자 틀어박히거나 억압했던 슬픈 탄식을 다시 체험하는 작업을 '그리프 워크[91]'라고 부른다.

여기 설명한 남성은 그리프 워크가 AC회합 안에서는 잘 이루어지지 않아 심리치료사의 도움을 얻어 겨우 성공했다. 그리고 이 작업을 기어이 해냄으로서 그의 인간관계는 큰 폭으로 변하고 나아가 재구축되었다.

---

91) grief work: '탄식하는 작업'이라는 의미

그러나 그가 이 작업에 뛰어들 수 있었던 것은 AC회합 안에서 막연히 느꼈던 '안도감'이 있었기 때문일 것이다. 안도감이란 '여기가 내가 있을 곳이다.'라는 느낌이다. 사람은 이러한 안도감 안에서만 트라우마의 회상 같은 위험한 작업에 들어갈 수 있다.

이 남성의 변화는 '영혼의 성장'이라고 이름 붙여도 좋다.

이렇게 어덜트 칠드런의 성장은 다음의 세 단계를 거친다.

1) AC의 자각과 그에 따른 안전한 장소의 확보
2) 탄식하는 작업
3) 인간관계의 재구축

거짓 자기로부터 떠나는 여행

어덜트 칠드런은 트라우마에 놓인 후, 살아가는 과정에서 감정둔감, 왜곡된 자기 인식, 그리고 기묘한 세계관 등을 지닌다. 이들을 총칭하여 '공의존 자기' 또는 '거짓 자기'라고 한다.

공의존 자기는 각각의 트라우마에 대한 거짓 회고를 반복함으로써 성립하는 것으로, 그것은 어덜트 칠드런이 나름대로 살아남기 위해 필요한 것이다. 그것은 마치 '생생한 자기' 또는 '진짜 자기' 위에 덮인 외투나 고삐 같은 것이다. 추운 겨울바람이나 외적의 공격에 견디는 데는 효과가 있지만 한편으로는 '진짜 자기'를 질식하게 만든다.

그 질식의 괴로움이야말로 그들이 나타내는 심신증이고, 신경증을 비롯한 여러 가지 마음의 병이며, 기벽(의존증)이고, 인간관계로부터 떠나 혼자 틀어박히는 일이다.

그러나 고통에 시달리면서도 어덜트 칠드런은 공의존 자기라는 외투를 좀체 벗으려 하지 않는다. 그것을 벗었을 때 스스로에게 닥쳐올 새로운 트라우마를 예측하고 그 공포를 극복하지 못하여 '고통 안에서의 안정'에 계속 안주하려고 한다. 그들이 이 지점에서 뛰쳐나올 결심을 굳히기는 대단히 어렵다. 그런데도 그들의 일부는 계속 이런 위험을 감수한다. 그것은 그야말로 '여행을 떠나는 것'이라고 할 수 있다.

여행을 떠나 방랑하다가 새로운 세상으로 들어가 스스로를 단련하고 새로운 자기를 얻고 귀환하는 연쇄사슬은 바로 '성장 이야기'가 된다. 손가락만한 난쟁이가 집을 떠나 도깨비와 싸워 이기고 공주와 사랑하게 되자 드디어 마법이 풀려서 멋진 왕자가 되어 고향으로 귀환하는 그런 이야기 말이다.

그러나 여행을 떠나는 일은 역시 두렵다. 지금부터 그 두려움을 체험한 사람을 소개하겠다.

한 지방 도시에 홀어머니가 키운 딸이 있었다. 이 딸은 어머니가 사랑으로 감싸고 있다고 믿으면서 성실한 여성으로 자란다.

그 후 이과계 대학을 나와 안정된 직장에 자리 잡았지만 만성적인 두통과 구역질에 시달렸다. 20대 후반에 사랑하는 남자를 만나 서른을 넘어 결혼했지만 그 전후부터 어머니가 자신에게 가한 가혹한 처사가 떠올랐다.

어머니가 딸을 징계하면서 폭력을 동원하는 일은 좀체 없었지만 딸은 다른 사람 앞에서 모욕을 당하고 굴욕 때문에 몸부림치는 일을 여러 번 겪었다. 기억이 결손 되었던 이유는 '나는 모든 걸 희생하고 딸을 위해 살고 있다.'고 주위 사람들에게 말하는 어머니가 무서웠기 때문이다.

어머니는 부잣집 딸로 미모의 여성이었다. 이 딸을 낳고나서도 사정이 있어서 결혼하지 않고 자영점포를 운영하며 홀로 딸을 키웠다. 항상 남성들에게 둘러싸여 있던 딸은 사춘기에 들어선 얼마 후 그 중 한 남자에게 몸을 버렸다. 남자는 딸에게서 떠났다. 하지만 이 사건이 어머니와 딸 사이에 화제가 되는 일은 없었고 딸은 어머니에게 어떤 위로도 받지 못한 채 살아왔다.

딸이 어머니를 두려워하는 것은 어머니의 이러한 냉정함 때문만은 아니었다. 딸은 어머니가 수수께끼 같은 힘을 가지고 있다고 믿고 있었다. 어머니는 자신의 예지능력을 드러내며 딸 앞에서 그것을 증명해보이겠다는 듯 이렇게 말했다.

"네가 어디에 있든 나한테 악의를 가지면 그게 나한테 그대로 전해져. 그때 너는 벌을 받아 괴로울 거야."

학대당하던 자신을 돌이켜 볼 수 있게 된 딸은 치료를 받기로 했다. 그러나 치료자를 만나 이야기할 때도 어머니에 대한 공포 때문에 떨었다. 그녀가 집으로 돌아간 뒤 보내온 편지에 의하면 한동안 나아졌던 두통이 다시 시작되어 고통에 시달리며 나날을 보낸다고 한다.

그러나 그 편지에는 이런 말도 씌어있었다.

'하지만 나는 되찾은 기억은 버릴 수가 없습니다. 선생님을 만난 일도 잊지 못합니다. 지금은 고통 받고 있지만 새로운 제 자신을 찾을 생각입니다.'

엠파워먼트

어덜트 칠드런은 어린 시절에 애착대상에게서 트라우마를 받고 그로 인해 '힘을 빼앗긴' 사람들이다. 그렇기 때문에 그들의 회복을 도우려면 먼저 '엠파워empower'하고 그 다음에 '힘의 자각을 하게 하고', 나아가 '새로운 관계를 만들어내는' 순서로 진행해 나가야 한다.

이러한 일련의 작업을 '엠파워먼트[92]'라고 한다. 이것은 단순히 '힘내라'하며 힘을 북돋우는 건 아니다. 오히려 지금까지 지켜오던 의지와 힘의 방향을 바꾸도록 하기 위해 먼저 모든 힘을 뺄 것을 권한다. 편안한 가운데서 자신의 마음의 상처를 마주하는 여유가 있어야 협조(치료) 작업이 비로소 시작되는 것이다.

어덜트 칠드런이 이러한 힘을 회복하는 데는 어덜트 칠드런이 가진 힘을 믿는 치료자나 동료와의 만남이 필요하다. 이러한 치료자나 동

---

92) empowerment 힘의 부여

료는 어덜트 칠드런 한 사람 한 사람이 가진 '장점과 힘[93]'에 주목하고 동시에 한 사람 한 사람에게 각자의 파워를 깨닫게 한다. 그렇게 함으로써 어덜트 칠드런은 자기 스스로 힘을 다시 기르고 강화할 수 있다.

어덜트 칠드런이 스스로 회복할 수 있는 능력을 가졌음을 믿지 못하는 치료자는 어덜트 칠드런의 '결점[94]'에만 주목한다. 그런 결점을 계속 지적하면서 조급하게 회복을 재촉하는 치료자는 어덜트 칠드런을 도우려다 그들의 자존심과 힘을 오히려 깎아버린다.

세 살짜리 아이를 데리고 다니는 어머니를 생각해보자.

걸음걸이도 불안한 어린 아이가 넘어졌을 때 그 아이가 일어날 힘을 믿는 어머니는 아이를 지켜보기만 할 뿐 뛰어가 일으키지는 않는다. 아이의 울음소리에도 동요하지 않고 일어나려는 아이의 힘에 공감하고 일어난 아이의 힘을 칭찬할 것이다.

아이는 자신을 지켜보는 어머니의 눈동자 안에서 자신의 힘에 대한 믿음을 발견하고, 그것을 긍정적인 자기 이미지를 만드는 소재로 삼는다.

대개 이러한 일련의 '지켜보기[95]'에는 시간과 마음의 여유가 있어야 한다. 이러한 여유가 없을 때 어머니는 당황하여 아이를 안아 일으

---

93) powerpoint 파워포인트
94) fake point 페이크 포인트
95) watching 워칭

키고 그런 아이를 야단치기도 한다. 이러한 경험을 되풀이하는 아이
는 자신의 능력을 깨달을 힘을 발달시키지 못하고 어머니에게 계속
의존하게 될 것이다.

한 서바이버[96)는 말한다.

"좋은 치료자는 내 경험을 존중해준다. 나를 컨트롤하려는 게 아니
고 내가 스스로 나의 행동을 결정하도록 도와주었다."

회복은 어디까지나 본인이 해야 한다. 돕겠다는 생각이 오히려 새
로운 트라우마를 만드는 계기가 되거나, 본인이 가진 힘이나 자존감
을 박탈하는 경우가 너무 많은 것 같다.

---

96) 회복한 어덜트 칠드런

안전한 장소의 발견과 확보

어덜트 칠드런은 '안전한 장소'를 찾아냄으로써 비로소 '여행을 떠나는 위험'에 동기부여가 된다. 그 안전한 장소란 무엇일까?

제2장에 소개한 남성과 이 장에 등장한 남성은 모두 AC회합에 참가했을 때 '안전'을 느끼고 '영문도 모르게 흐르는 눈물'에 당혹하면서도 치유되는 자신을 발견했다. 그들에게는 셀프 헬프 그룹 미팅이 최초의 안전한 장소라는 느낌을 준 셈이다. 그런데 그것은 그들이 어덜트 칠드런임을 스스로 깨닫는 작업을 해냈기 때문에 가능했다.

그러나 모든 어덜트 칠드런에게 이런 일을 기대하는 것은 무리다. 그들의 '여행 떠남'은 대부분의 경우 PTSD에 의한 심신증이나 신경증의 고통이 계기가 되므로 먼저 이러한 고통의 유래에 대한 정확한 진단[97]이 이루어져야 한다.

---

97) 이름 부여

그것은 어덜트 칠드런에게는 현재의 증상이 과거의 어떤 체험과 연관되어 있는가하는 진실을 파악하는 일이고 그것을 이야기하는 일이기도 하다. 치료자의 입장에서 보면 현재의 증상과 행동에서 '고객'의 어덜트 칠드런적 특징을 정밀하게 조사하여 보충하고 그것을 '복합형 PTSD'로 진단하는 일이다.

어덜트 칠드런이 정확한 트라우마의 기억을 가지고 있지 않은 경우도 많겠지만 적어도 치료자의 무지나 부인, 환자의 부끄러움이나 두려움 때문에 정확한 진단이 이루어지지 않는 불행은 결단코 없어야 한다.

이때 치료자는 눈앞의 인물에 대한 증상을 PTSD라고 진단하고 아울러 이 사람이 어덜트 칠드런이라는 점을 인식해야 한다. 치료자가 한 고객에게 '경계성 인격 장애', '과증상성 정신분열증', '해리성 정신장애(히스테리)' 등의 진단명을 부여하는 일과 그들을 어덜트 차일드로 인식하는 일 사이에는 크나 큰 차이가 있다.

진단은 그 인물의 결함이나 균열을 정확하게 파악하는 일과 관련되고 어덜트 차일드로 인식하는 것은 그 인물에게 치유와 성장의 기회를 부여하는 것과 관련된다.

어덜트 칠드런이라는 호칭은 진단의 도구가 아니다. 더구나 사람을 비방하기 위한 별명 짓기의 수단도 아니다. 그것은 과거를 돌이켜보고 현재를 이해하고 장래를 재구축하기 위한 단서를 제공하는 중요한 일이다.

고객이 과거의 트라우마 때문에 고통 받고 있다는 것을 확신한 치료자는 그 사람과 서로 정보를 나누는 노력을 시작한다. 정보의 '셰어링[98]'은 고객이 치료자에게 가는 흐름[99]을 일방통행이 아니고, 치료자로부터 고객에게로 가는 흐름[100]과 상호 교류하는 것이다.

어덜트 칠드런이 자기 자신을 이야기할 때 그 이야기에 관심을 기울이고 알아들으려고 집중하는 치료자는 어덜트 칠드런에게 안도감을 준다. 어덜트 칠드런은 '선생님은 내 이야기뿐 아니라 나에게도 관심을 가져준다.'고 느끼는 것이다.

그들은 치료자의 눈동자 안에 비치는 긍정적 자기에 반응하여 안도감을 얻고 그러한 자신의 인격에 스스로를 통합하는 것이다. 이처럼 치료자가 보내오는 정보만이 어덜트 칠드런을 교육한다.

어덜트 칠드런이 이야기하는 내용 가운데는 치료자가 받아들이기 힘들게 느껴지는 경우도 있다. 예를 들어 친아버지에게 당한 강간 회상 등이 그렇다. 이야기의 사실 여부를 판정하는 작업은 치료자의 역할이 아니다. 어덜트 칠드런이 원하는 것은 말하는 사람의 이야기에 100퍼센트 공감하는 것이라는 것과 능력껏 그에 응하는 것이 듣는

---

98) sharing 분별
99) 고객의 과거 생활정보의 청취
100) 어덜트 칠드런의 치유와 관련된 지식의 전달

사람 즉, 치료자의 일이다.

어덜트 칠드런과 그 치유에 관한 지식을 그것을 필요로 하는 사람에게 알리고 교육하는 일은 엠파워먼트의 기초다.

어떤 문제에 정확한 명칭을 붙이고 그것을 형용하는 언어를 가지게 하는 일은 치료자가 어덜트 칠드런에게 줄 수 있는 최초의 힘이다. 어덜트 칠드런은 이로 인해 과거의 체험과 상응하는 여러 가지 말을 만난다. 그리고 이 말을 매개로 하여 동지 즉, 또 한 사람의 고통받는 사람을 만난다. 한 어덜트 차일드와 또 한 사람의 어덜트 차일드는 그러한 말들을 매개로 하여 서로 체험을 나눈다. 그럼으로써 그곳에 지금까지의 체험에는 없었던 교류가 생긴다. 그리고 그것이 그들의 새로운 세계관 구축으로 이어지는 길을 열어준다.

언어가 주어진 후의 새로운 세계관이란 자신이 미친 것이 아니라는 것이다. '미친 것처럼 보였던 것은 극단적인 스트레스로 인한 `건강한' 반응이었다.'는 현실에 입각한 세계관이다.

어덜트 칠드런은 이러한 인식의 힘을 준 심리요법사와의 관계에 안도감을 느낀다. 또 한 사람의 고통 받는 동지와의 관계에도 안도감을 느낀다. 이렇게 시작하여 '과거 이야기'를 할 수 있는 토대가 마련되는 것이다. 안전한 치료환경에 있어야 한다는 요소는 다음 단계로 나아가기 위한 초석이다.

어덜트 칠드런은 '현명한 소비자'가 되어 치료자를 선택해야 한다. 자신이 '안전'을 파는 장사를 하고 있다는 정확한 깨달음이 없는 치료자에게 안전을 사려고 해봐야 소용없다.

치료자 가운데는 환자 부모의 예전 모습을 연기하는 사람이 있다. 치료자가 그렇게 '노골적인 학대'로까지 치닫지는 않더라도[101] 환자의 영혼에 개입하여 세뇌시키려고 '보이지 않는 폭력'을 행사하는 경우도 적지 않다. 안타깝게도 환자에게 잘못된 진단명을 부여하고 '약 먹는 로봇'으로 만드는 무능한 치료자는 더 많은 것이 현실이다.

우선 자신의 느낌을 믿는 '힘'을 가져야 한다. 위험을 느끼면 피하고 불만을 느끼면 그것을 말로 토로한다. 안전한 치료 관계는 다른 데서 오는 게 아니다. 그것은 환자 자신이 발견하여 확보하는 것이다.

---

101) 그러나 성적으로 유혹하거나 무리하게 입원시켜 구속하거나 하는 치료자도 있다.

셀프케어의 힘

‘안전한 장소’라고 할 때 그 안에 자신의 신체까지 포함한다는 것을 잊는 경향이 흔히 있다. 몸이 과도하게 흥분하거나 잠을 자지 못하거나 먹지 못하거나 하면 그곳은 영혼을 위한 안전한 장소가 아니다.

또한 자신의 몸을 위험한 곳에 방치해둔 채로 안전을 찾으려고 해봐야 소용없다. 그것은 자신에게는 벅찬 어려운 문제를 스스로에게 강요하는 ‘자기 학대’와 다르지 않다.

자신의 신변에 필요한 최소한의 보호는 스스로 해야 하고 그런 능력을 발달시키지 않으면 안 된다. 우선 식욕과 수면이 안정되도록 해야 한다.

필요하다면 수면제 복용을 망설일 필요가 없다. 트라우마로 인한 상처를 받은 후 불안 발작으로 치닫는다면 신경안정제의 도움을 받는 것도 좋다. 불면이나 불안 발작을 제어하는 것은 자신을 지키기 위한 첫걸음이다. 이를 위해서는 도움이 된다면 정신과 의사와 향정신성약품을 모두 활용해야 한다.

약물이 모든 것을 해결해주는 것은 아님은 말할 것도 없다. 약물 대신 휴식이나 충분한 운동으로 스스로를 치유할 수도 있다.

어쨌든 일단 심신의 안정을 살피고 난 후가 아니면 효과적인 그리프 워크도 전개할 수 없다.

제3장에서 설명했듯이 어덜트 칠드런은 폭력적인 배우자와 결혼하는 경우가 종종 있다. 자신을 학대하는 사람과 동거하게 된 경우에는 그곳에서 탈출해야 한다. 탈출하기 전에 먼저 그러기 위한 계획을 세워보자.

이미 가족은 의지가 되지 않는다고 치고, 자신을 도와줄 친구나 친지는 있는지? 어디로 가면 자신의 몸을 안전하게 숨길 수 있는지, 어떻게 하면 좋을지, 무엇부터 시작해야 할지, 그것을 알 수 없을 경우 어디에서 정보를 얻을지? 공립 여성 센터에 대해 알고 있는가? 그곳에서는 어떤 서비스를 받을 수 있는지 들어본 적이 있는가? 민간 봉사자들이 운영하는 피학대 여성을 위한 '셸터(피난소)'가 있다는 사실을 아는가?

실제로 학대를 받는 자녀가 부모로부터 몸을 숨기기는 거의 불가능하다. 그러나 이미 어른이 된 환자라면 과거에 일어난 일의 의미를 이해하고 그것이 현재 자신에게 미치는 영향에 대해 분명히 깨달아야 할 것이다.

마치 부모와 같은 사람에 둘러싸여 집단 따돌림이나 학대의 위협을 당하면서 생활하고 있지는 않은가?

만약 그렇다면 과거에 일어난 일이 무엇이었는지, 그것이 앞으로의 생활에 어떤 영향을 미칠지 전문가들에게 물어야 한다. 그리고 왜 위험한 장소에 계속 붙어 살고 있는지 그 이유를 이해하고 그 장소를 떠나라.

그룹 안의 안전

그리프 워크를 진행하는 경우에는 치료 그룹이든 셀프 헬프 그룹이든 그룹 안에서 같은 체험을 한 동지를 만나는 일이 반드시 필요하다.

트라우마 후유증에 시달리는 어덜트 차일드는 또 한 사람의 어덜트 차일드와 만나는 것만으로도 절박한 고립감에서 구원을 받는 느낌이다. 그런 만남을 가능하게 하는 장소는 그들에게 '안전한 장소'가 될 수 있다.

그러나 그룹 이용법은 그리프 워크 단계에 따라 다르기 때문에 먼저 어떤 그룹에 관계를 가지려는 것만으로는 기대한 만큼의 효과를 얻지 못한다.

<표4>는 미국의 정신과 의사 주디스 하먼이 그리프 워크 단계별로 필요하다고 생각되는 그룹의 특징을 설명한 것이다. 트라우마 후유증을 가지고 있는 어덜트 차일드가 그룹에서 회복하기를 고려할 때 좋은

<표 4> 3그룹 모델

	회복 단계		
	단계 1	단계 2	단계 3
치료과제	안전성 유지	회상과 비탄	인간관계의 재건
화제가 되는 시제	현재	과거	현재, 미래
초조함	셀프케어	트라우마	인간관계
멤버의 균일성	균일 집단	균일 집단	비 균일 집단
경계	유연, 포괄적	폐쇄	안정되어 있다 서서히 멤버가 바뀐다
응집성	중간	매우 높음	높음
치료기간의 제한	오픈 엔드 재 참가	기간 한정	오픈 엔드
구조	지시적	목표 지향적	비구조적
사례	12단계 프로그램	서바이벌 그룹	대인관계를 주제로 한 정신요법 그룹

* 출전: Herman. J.L.: Trauma and Recovery, Harper-collins publisher, London, 1992.

단서가 될 것이다.

<표4>의 단계 1, 즉 '안전한 장소의 확보'에 대한 기대에 고려해야 할 점은 먼저 참가자의 정서적 안정이다. 자신의 몸을 의탁할 장소가 있다는 것, 다른 멤버가 자신을 기다리고 있다는 것이 가장 중요한 요건이다. 다른 멤버에게 가슴을 도려내는 듯 고통스러운 과거의 체험을 듣는 일은 이 시기에 할 일이 아니다.

우리는 이 단계의 사람들을 대상으로 하는 심리교육 연속 강연회를 비교적 많은 그룹에서 6회로 나누어 실시하고 있다. 그곳에서는 이 책에 서술한 가정 내 트라우마와 어덜트 칠드런에 대한 항목을 일반론으로 설명할 뿐 개인의 정서적 문제에 파고드는 일은 결코 없다.

청중은 이 강연에 참여할 수도 있고, 그렇지 않을 수도 있다. 청중으로서 이야기를 듣기만 하는 수동적인 입장을 고수하는 한 과격한 정서적 동요를 체험하는 일도 적을 것이다.

그러나 일부 청중은 강연 가운데 느낀 것을 메일이나 전화로 전해온다. 그 중에는 개별 면접 때 자신의 몸에 일어난 일을 이야기하고 싶다는 내용이 들어있는데 그런 사람들은 <표4>에서 말하는 단계 2부터 진행하고 싶다고 제의해온다.

'회상과 비탄'을 주제로 하는 그룹요법은 그런 사람들을 대상으로 시작할 수 있다.

<표4>에는 단계 1에서 AA방식의 셀프 헬프 그룹이 그룹의 예로서 거론된다.

AA방식이란 AA그룹이 갖추고 있는 12단계라는 회복 프로그램과 12전통이라 불리는 그룹의 규칙에 준하고 있다는 의미다.

AA는 한 알코올중독자가 다른 알코올중독자를 만나 과거의 체험과 이후의 회복을 구별할 수 있게 하는 그룹이다. 거기에는 알코올 의존증에 시달리는 사람이 자기 파괴적인 음주행동에서 벗어나겠다는 명확한 목적을 두고 그 방법(12단계)을 지시적으로 내려준다. 즉 새로 멤버가 된 사람들은 그때부터 어떻게 처신하면 되는지 어떻게 생각하면 되는지 고민하지 않아도 된다.

비슷한 체험과 기질과 체질을 가진 사람들에 둘러싸여 '앞서 가는 동료'의 이야기를 듣고 기회가 닿으면 자신이 '술 때문에 망했던 이야기'를 한다. 이를 반복하는 가운데 자신 안의 깊은 부분에 내재되어 있던 어떤 일그러짐[102]이 드러나기 시작한다는 패턴이 AA에서 볼 수 있는 회복의 정형이다.

참가하고 말고는 온전히 개인의 자주성에 맡긴다는 것, 회복의 진행방법에는 정해진 형식이 있고 그것을 따르고 말고도 개인의 자유라는 것, 멤버 간의 평등이 강조되고 있어서 전문가 등의 우위에 있는 자에 의한 조작이 배제된다는 것, 멤버의 아노니미티[103]가 중시된다는 것 등 멤버의 '안정'을 신중하게 배려한다.

AC의 자각을 가진 사람들을 대상으로 한 12 & 12의 익명인 그

---

102) 그것은 단적으로 말해 대인관계의 일그러짐이다
103) anonymity 익명성

<표5> AC를 위한 12단계

단계	AC를 위한 12단계
1	우리는 기벽의 영향에 대해 너무나 무력하고 살아가는 일이 정말로 어렵다는 것을 인정했다.
2	자신보다도 위대한 힘이 우리의 일체성을 되찾아준다는 걸 믿을 수 있게 되었다.
3	우리의 의지와 생명을 우리가 이해하고 있는 신, 좀 더 강한 힘의 배려에 맡길 결심을 했다.
4	찾아 구하고 두려워하지 않고 살아온 것에 대한 표를 만들었다.
5	신에 대해, 자신에 대해, 또 한 사람의 인간에 대해, 자신의 잘못에 대한 정확한 본질을 인식했다.
6	신의 도움을 얻으면서 우리의 비효과적인 행동을 제거할 준비를 완전히 갖추었다.
7	자신의 단점을 제거하는 것을 도와달라고 겸허하게 신께 청했다.
8	우리가 상처를 입힌 모든 사람의 표를 만들어 그 모든 사람에게 화해할 마음이 되었다.
9	그 사람들 그리고 다른 사람들을 상처 입히지 않는 한도에서 가능한 한 직접 만나 화해를 했다.
10	자신의 삶에 대해 계속 반성하고 잘못했을 때는 즉시 인정했다.
11	신의 의지를 알고 그것을 실현할 힘을 갖추기를 다짐하면서 우리가 이해하는 신과의 의식적 접촉을 기도와 묵상으로 청했다.
12	이러한 단계를 거친 결과, 영적으로 깨어나고 이 이야기를 다른 사람에게 전하고 또한 자신의 모든 일에 이 원리를 실천하도록 노력했다.

* 출전: Frends in Recovery: The 12 Steps for Adult Children from Addictive and Other Dysfunctional Famillies. PPI Publishing, Inc., San Diego, 1987.

룹[104] 으로는 ACoDA[105]가 있다. <표5>는 ACoDA에서 이용할 수 있는 12단계이다.

여기서 셀프 헬프 그룹의 안전에 대해 생각해보자.

AC 체험을 테마로 한 회합은 ACoDA 외에도 있지만 새롭게 어덜트 차일드임을 깨달은 사람들이 이들 가운데 하나에 참가하여 안전을 느끼는 경우와 그렇지 않은 경우가 있을 것이다. 느끼지 않는다고 자신을 책망할 필요는 전혀 없다.

그룹은 그 그룹이 성립함과 동시에 유지를 위한 규칙을 만들고 곧이어 멤버 사이의 비밀 공유나 발생한 터부에 빠지게 된다. 그것은 어덜트 칠드런들이 시달림을 받았던 기능부전 가정이 지닌 특징이므로 이에 민감한 어덜트 칠드런이 위험을 느끼는 것은 지극히 당연하다.

이것은 어덜트 칠드런이 만드는 그룹에만 특별하게 있는 게 아니다. 모든 그룹은 이러한 부패에 빠지기 쉽다고 한다.

그 때문에 셀프 헬프 그룹의 창설자들은 이러한 부패를 예방하기 위한 다양한 연구를 거듭해왔다.

<표6>의 가장 초기의 셀프 헬프 그룹인 AA가 갖추고 있는 '12전통'이란 정말로 이 부패방지를 위한 규칙이다. 이것은 모든 셀프 헬프 그룹의 창설자와 참가자에게 참고가 될 것이다.

그러나 그룹의 규칙이 야기하는 해로운 영향을 없애기 위해 새로운

---

104) 12단계와 12전통에 따르는 아노니마우스 anonymous
105) Adult Children of Dysfunctional Anonymous

<표6> AA의 12가지 전통

	AA의 12가지 전통
1	모든 것은 공동의 선이다. 개인의 회복은 AA의 일체성에 달려있다.
2	우리 그룹의 목적을 위한 최종적 권위는 유일하고 우리 그룹의 양식 안에 자신을 드러내는 사랑의 신이다. 우리의 지도자는 봉사를 맡은 하인에 불과하며 그들을 결코 지배하지 않는다.
3	AA의 멤버가 되기 위해 요구되는 것은 술을 끊고 싶다는 소망뿐이다.
4	각 그룹은 자율적이어야 한다. 단 다른 그룹 또는 AA 전체에 영향을 미치는 사항에 대해서는 이 범위에 들어가지 않는다.
5	각 그룹의 목적은 유일하고 아직 고통 받고 있는 알코올중독자에게 메시지를 주는 일이다.
6	AA그룹은 어떤 관계있는 시설에도 외부의 기업에 대해서도 보증이나 거래나 AA의 이름을 빌려주어서는 안 된다. 금전이나 소유권이나 명성의 문제가 우리를 중요한 목적에서 배제시킬 우려가 있기 때문이다.
7	모든 AA그룹은 외부로부터의 기부를 거절하고 자립해야 한다.
8	AA는 어디까지나 비직업적이어야 한다. 그러나 서비스센터와 같은 곳에서는 전속 직원을 둘 수 있다.
9	그런 이유로 AA는 결코 조직화되어서는 안 된다. 단 봉사하는 사람들에 대해 직접적인 책임을 지는 서비스 이사회 또는 위원회를 만들 수는 있다.
10	알코홀릭스 아노니마우스는 외부의 문제에 대해서 의견을 갖지 않는다. 따라서 AA의 이름은 공적인 논쟁에 증인으로 나갈 수 없다.
11	우리의 홍보활동은 장려하는 일보다도 끌리는 매력에 기초한다. 신문, 지상파, 영화 분야에서 우리는 늘 개인의 이름을 감추어야 하는 건 아니다.
12	이름이 없다는 것은 우리의 전통 전체의 영적 기초다. 그것은 각 개인보다도 AA의 원리가 우선되어야 한다는 것을 늘 우리에게 상기시키는 것이다.

* <AA문서위원회, AA 일본 제너럴 서비스 오피스>

규칙을 정하지 않을 수 없다는 데에 이 문제의 어려움이 있다. 새롭게 AC그룹에 참가하려는 사람들은 이러한 문제가 있다는 점을 늘 염두에 두어야 한다. 그리고 자신이 가진 감각을 믿어야 한다.

위험을 느끼면 피하고, 있기에 불편하면 조금 멀리 떨어져본다. 그리고 필요하다고 느끼면 다시 참가하기를 반복해도 상관없다.

그것이 가능한 점이야말로 그 사람의 '힘'이고 또 셀프 헬프 그룹의 장점이다.

과거 이야기하기

그룹 안에서 망설임 끝에 어렵게 과거의 에피소드를 이야기했는데 듣는 사람에게 아무런 공감도 얻지 못하고 난처함과 굴욕감, 죄책감만 남는 경우가 있다. 이것은 이야기한 내용이 나빠서가 아니다. 말하는 상대를 잘못 찾은 것이다.

이러한 불쾌한 경험을 피하려면 일부 치료자가 권하는 '셰어 체크 셰어[106]'라는 방법을 이용하는 게 좋다.

미리 '이 사람들이라면'하고 생각되는 아주 적은 수의 사람들(한 사람이라도 상관없다)을 선택하여 그 사람들에게만 체험의 일부를 이야기하는 것이다. 이야기해 보고 '별로구나'하고 생각되면 멤버를 바꾸어 다시 해본다. 기대한 만큼의 공감을 얻었다 싶으면 같은 멤버에게 체험을 좀 더 이야기한다. 이렇게 이야기하는 상대와 내용을 서서히 늘리면서 스토리를 만들어나간다.

---

106) share check share

물론 안전한 치료자를 이미 확보했다면 이러한 궁리는 필요 없을지도 모른다. 그러나 이런 궁리는 하는 게 낫다. 이런 시도를 해보고 목표를 달성하는 자체가 한 사람의 어덜트 칠드런에게 '힘'을 배가시키고 표현하는 일이기 때문이다.

그러나 '셰어 체크 셰어'를 통상적인 셀프 헬프 그룹 안에서 시행하는 것은 곤란하다. 아직 회복이 되지 않은 단계에서 셀프 헬프 그룹 안의 특정한 사람들하고만 너무 빨리 가까운 관계를 만드는 것은 위험한 일이기도 하다.

정규 회합 후에 친목활동으로 특정한 상대에게 자신의 과거 체험을 이야기하는 경우가 간혹 있다. 이런 식으로 트라우마 체험을 이야기함으로써 퇴행[107]에 대한 강렬한 욕구와 과도한 의존 소망이 생긴다. 이렇게 생긴 퇴행은 그 이야기를 듣는 또 한 사람의 어덜트 칠드런의 공의존성을 자극하고 그의 회복을 정지시킨다. 결국 이야기하는 사람과 듣는 사람이 공의존 관계에 빠져 그 관계는 파탄 나고 이야기하는 사람과 듣는 사람 모두 새로운 트라우마를 경험한다.

만약 이러한 관계가 형성되는 중이라면 그 사실을 어덜트 칠드런 문제를 이해하는 치료자에게 보고하고 치료자의 판단을 들어보아야 한다.

아무튼 셀프 헬프 그룹에서의 치료 과제는 '안전한 장소'라는 것이 있다는 것, 그러한 감각이 위기에 빠지면 언제라도 그룹으로 돌아올

---

107) 아동회기

수 있게 한다는 것이다. 셀프 헬프 그룹 안에서 그 이상의 해결을 모색하려다 '무리가 있다'고 느꼈다면 서서히 다른 그룹을 찾아야 될 단계로 들어선 것이다.

트라우마 체험을 이야기할 필요를 느꼈을 때는 이미 자신의 해결 과제가 명확해진 때이다. 이 책에 기초해서 말하자면 제6장의 '탄식에서 치유로'의 작업에 들어갈 필요성을 깨달은 때이므로 같은 과제를 안고 있는 비교적 소수(6~8명)의 제한된 그룹 안에서 기간[108]을 정해 놓고 이행하는 것이 효과적이다. 이런 유형의 그룹을 우리는 '서바이벌 그룹'이라고 부른다.

앞의 <표4> 단계 2에는 이러한 그룹의 특징이 나타나 있다. 서바이벌 그룹은 체험한 트라우마가 아주 비슷한 참가자를 대상으로 치료자의 강력한 리더십 아래 실시하는 것이다. 치료자는 보통 2명이지만 치료자 사이에 주임과 부주임 같은 서열을 두는 것은 바람직하지 않다. 참가자들은 인간관계 안의 우열에 민감하므로 치료자의 서열은 그들의 고정관념을 강화시킨다.

특히 성적 트라우마의 회상이 과제가 된, 여성 그룹에서는 연상의 남성 심리요법사와 젊은 여성 심리요법사의 조직은 금기다.

성적 트라우마는 근친상간이든 강간이든 기본적으로 남성에 의한 '파워(권력)' 지배의 문제와 연관되어 있으므로 남성 파워가 그룹에 침투할 만한 자리에서는 회상이나 비탄도 발전할 수 없기 때문이다.

---

108) 보통 8회 정도, 길어도 6개월을 넘지 않는

훈련과 경험이 대등한 두 여성 치료자가 자신들의 개성을 충분히 발휘하면서 성적 트라우마의 후유증에 시달리는 여성들을 접하는 것이 이상적이다.

참고삼아 <표4>의 단계 3에 해당하는 그룹에 대해서도 잠깐 설명해 보겠다.

이 그룹은 나중에 설명할 리커넥션[109] 때 이용할 수 있을 것이다. 기간이나 사람 수, 트라우마 문제의 종류에도 제한은 없다. 여기서는 과거에 체험한 트라우마보다 현재의 인간관계나 미래의 자기 이미지가 화제가 된다. 비교적 정기적으로 참가하는 사람들로 구성된 그룹으로 그들에 대해 잘 알고 있는 치료자가 조언을 섞어가면서 앞에 설명한 것과 같은 이야기를 여유 있는 속도로 서로 할 수 있다.

---

109) reconnection 인간관계의 재구성

제6장

탄식에서 치유로

고통스러워 우는 아기

LP1610070138_조지호_아기 24종_저작권위원회

여러 치유방법 — 회상과 탄식

'안전한 장소'를 확보한 단계에서 이제 간신히 치유의 핵심 작업인 트라우마를 회상하고 탄식하는 '회복의 제2단계'로 들어갈 준비가 되었다. 앞 장에서 설명했듯 우리는 이 작업을 '그리프 워크'라 부른다.

치료자 측에서 보면 어덜트 칠드런의 초기 개별면접에서의 회상은 감정을 수반하지 않는 단조로운 반복인 경우가 오히려 더 많다.

미국의 정신과의사 주디스 하먼은 이러한 현장에서 치료자가 할 일에 대해 '고객이 던진 연속사건이나 무성영화의 일부분 같은 단편적인 회상에 음악이나 대사를 갖다 붙이는 것'이라고 표현했다. 참으로 적절한 말이다.

사실의 회상 자체를 직면하지 못하는 경우도 볼 수 있다. 그럴 때 그 사람은 자신의 기억 밑바닥에서 솟아오르는 것을 회상이라고 하지 않고 '이미지'라고 말한다. 단편적인 이미지를 기억으로 통합해 나가는 것도 이 시기에 치료자가 할 일이다.

가족 앨범을 이용한 그리프 워크

고객에게 '가족 앨범' 속에서 '마음에 드는 사진 몇 장'을 면접 때 가지고 오라고 요청하는 경우가 있다. 그러면 고객의 어린 시절의 모습이 부모의 웃는 얼굴과 함께 정지되어 있다.

고객은 '이 무렵 나는 활달했고 그늘이 없었다.'고 말하는 경우도 있지만 '이 사진을 가지고 오는 일만은 피하고 싶었습니다. 이 무렵의 일을 떠올리고 싶지 않아서요.'하고 말하는 경우도 있다. 아무튼 한 장의 사진은 그것을 찍은 당시의 고객의 감정을 상기시키는 중요한 단서가 된다.

'가족 앨범에서 몇 장의 스냅사진을 가지고 오라'는 이 과제 자체가 고객의 회상의 핵심에 접근하는 계기가 되기도 했다.

뉴욕에서 가족요법가에게 트레이닝을 받고 있는 서른한 살의 여성은 귀국했다가 짬을 내어 찾아왔는데 이런 지시에 아주 격렬한 반응을 보였다.

'가족 앨범이라니, 그런 건 저에게 아무 의미가 없어요. 있긴 있어요. 분명히 앨범은 있지만 열여섯 살 때 나는 앨범에서 나의 모든 사진을 빼다 마당에서 태워버린 걸요.'하고 그녀는 말했다.

그 여성은 자신이 태어나서 자란 가정에 그런 형태로 구분을 지어왔던 모양이다. 하지만 그 시도는 성공하지 못한 것 같다.

'어머니와 아버지를 만나고 싶어요. 그리고 두 분이 행복하게 살 수 있도록 돕고 싶어요. 그러지 않으면 나는 뉴욕에서 어머니 생각만 할 거예요.'하고 그녀는 말했다.

정서를 동반하지 않는 회상

첫 대면이나 다름없는 단계에서 고객이 비참한 과거 체험에 대해 담담하게 이야기를 꺼낸 데다 정서적인 면이 전혀 동반되지 않는 경우도 있다.

이럴 때는 중간에 끼어들지 말고 끝까지 듣기로 하고 있다. 이런 이야기는 자체가 '위험한 정서'가 솟아나오는 데 대한 저항을 보여 치료자에게 도움을 요청하는 것이라고 해석할 수도 있다.

그러니까 치료자에 따라서는 고객의 이야기가 너무 깊이 들어가기 전에 제동을 걸어 회상 장면을 한정시키고 그 안에서의 감정을 되살리는 데 초점을 둔다. 이런 조작을 일체 하지 않는 고객이 그런 식으로 이야기하는 것 자체가 그들의 고려와 선택의 결과이며 그 점 즉, 고객의 자발성 안에만 그들의 '힘'이 숨어있다고 생각하기 때문이다.[110]

한 스물여덟 살 여성은 첫 개인면접 때 알코올 의존증인 생모가 열한 살 때 자살했다는 것, 그 어머니가 살아계실 때 어머니의 정부였

---

110) 그러나 이런 식으로 이야기할 경우에는 그 다음의 면접 취소나 연기가 거의 반드시라고 할 정도로 생긴다고 알아두는 게 좋다.

던 남자 즉, 그녀의 계부가 자신을 성의 대상으로 좇아 다녔다는 것, 성 행위 직전에 옆방을 지나 안쪽에 있는 장지문 틈으로 들여다보던 어머니의 눈에 대해 이야기했다. 그녀는 담담하게 이야기하면서 오열도 터뜨리지 않고 눈물도 보이지 않았다.

그녀에게는 다음 개인면접 일정을 잡지 않고 '필요할 때는 언제라도 연락하기 바란다'고 말해주고, 그 대신 정기적으로 열리는 '성 폭력 서바이버들의 모임SSA[111]'이란 치료그룹에 참가해 보도록 권했다.

예상대로 그녀에게서는 다음 면접을 예약하는 전화가 걸려오지 않았다. 그러나 SSA에는 참가했다. 하지만 거기서도 담담하게 자신의 체험을 이야기하고 모임이 끝나면 다른 참가자와의 접촉을 피하듯 서둘러 돌아갔다.

그녀는 그 후 1년 정도 주변을 맴돌았지만 스토리 전개는 제자리걸음인 채였다. 그 동안 부정기적으로 SSA에 참가했지만 발언은 거의 하지 않았다. 동료의 성적 트라우마 이야기를 듣고도 감정의 동요를 보이지 않았다.

그녀의 요구에 응해 몇 번에 걸쳐 개인면접을 했다. 하지만 이야기는 현재 동거중인 파트너와의 공의존적 관계에 한정시킬 뿐 화제가 아동기의 성적 트라우마로 돌아가는 일은 없었다. 그래서 이 화제를 언급하지 않았다. 모든 것을 그녀의 자의에 맡기기로 했기 때문이다.

---

111) Survivors of Sexual Assaults : 치료자를 포함한 그룹으로 앞에 설명한 셀프 헬프 그룹과 같은 선상에서 활동하고 있다.

처음 참가한 날로부터 1년 반 정도 지났을 때 그녀는 SSA 안에서 자신이 초등학교에 들어가기 전 2년간 지냈던 보육원을 다시 방문한 이야기를 했다.

초등학교에 들어간 후 생모에게 다시 받아들여지기까지의 이 기간만이 그녀에게 비교적 안전한 '어린 시절'이었던 것이다. 그녀는 거기서 예전에 자신의 보모였던 수녀를 만나 예전에 놀던 그네에 앉았다 왔다고 했다.

이 이야기를 SSA 그룹 안에서 이야기한 직후, 그녀는 개별면담을 요청했다. 거기서 다시 생모의 집 안에서 일어났던 일을 격렬한 분노와 비애의 감정을 보이며 털어놓았다. 이야기가 진행됨에 따라 더 자세한 기억이 되살아나 그에 대한 격렬한 감정이 그녀를 괴롭혔다.

치료자와의 관계와 동료와의 관계가 큰 폭으로 변한 것은 이때부터였다.

글로 쓴 회상

먼 곳에 사는 고객이 편지나 메일로 보내오는 회상[112]을 접할 때도 있다. 이 경우도 자의적으로 자기 식으로 과거를 기술해서 온다. 하지만 답장을 보내지는 않는다. 그것은 우리의 역할이 그들의 회상에

---

112) 이것을 '점검표'라고 부른다.

대한 성실한 독자가 되는 것이지, 그들을 지도하거나 조언하거나 하는 일은 아니기 때문이다.

그 중에는 읽었다는 확인서를 요구하는 사람도 있다. 그런 경우에는 첫 요구에만 다음과 같은 짧은 문장으로 회답한다.

'읽었습니다. 앞으로도 계속 읽을 것이니 안심하십시오.'

'보내는 사람'이 해마다 몇 번 상경하여 직접 면담하는 경우도 있고 업무 따위로 여행하다 찾아오는 경우도 있다. 하지만 단순한 '독자'라는 것을 확인하는 이상의 일은 없다. '회상과 비탄'은 어디까지나 글로 하는 행위이기 때문이다.

카바KABA[113]나 카이카KACA의 많은 멤버들은 서울 이외의 지역에 살고 있기 때문에 그들과는 보통 메일이나 우편으로 연락을 취한다. 이들 협회는 각각 일 년에 2회 정도의 워크숍을 연다. 그러므로 그때 직접 대면한다.

이들 원격지의 고객은 비탄의 절정기에 상경하여 몇 달 동안 고시원이나 호텔에서 지낸다. 그 사람들 중에는 그대로 '비탄하는 일'로 이어지는 '인간관계의 재구성' 작업으로 이행하며 서울에 머물면서 직업을 얻거나 통근하는 사람들도 있다.

흥미 깊은 일은, 글로 '회상과 비탄 작업'을 해온 사람들은 상경하여 치료자의 가까이에 살게 되더라도 중요한 문제는 글로 써서 보낸다. 직접 접할 때 그들이 요구하는 것은 치료자의 몸과 목소리다. 치료자

---

113) Korea Anorexia Bulimia Association: 한국 거식증, 과식증 환자 협회

는 그들이 내미는 손을 잡고 악수한다. 두 팔을 벌려 다가오는 사람과
는 포옹도 한다. 그때부터 서로 농담도 나누고 헤어진다.

그룹 안에서의 회상

그리프 워크에 적당한 그룹에 대해서는 앞장에서 설명했다. 같은
체험을 겪은 사람들로만 구성된, 기간이 한정된 소규모(6~8명)의 서
바이벌 그룹 안에서 실시한다. 이미 설명한 SSA[114]나 뒤에 설명할
어덜트 칠드런을 위한 그리프 워크 그룹이 이에 해당한다. 남편이나
성 파트너의 폭력에 시달리는 여성 그룹, 학교에서 급우나 교사에
의한 '괴롭힘'을 주제로 한 그룹도 서바이벌 그룹이다.

그룹 동료들의 이야기에 자극을 받아 묻어두었던 회상이 선명하게
되살아나는 일은 흔하다. 그러나 이 회상을 끌어내는 작업이 회상하
는 데 대한 불안을 심화시키고 그 사람이 그룹에 머물지 못하게 하는
경우도 종종 일어난다. 이것을 막는 것은 동료의 격려, 그룹이 가진
안정감이다. 바꾸어 말하면 안정감이 부족한 그룹 안에서는 적극적인
회상도 일어나지 않는다.

이러한 그룹 안에서의 회상이 묻혀있던 기억을 끌어낸 실제적인
예를 들어보자.

이 여성은 열일곱 살 때 어머니가 사망한 것을 계기로 젖가슴에

---

114) 성적 피해를 받은 여성들로 구성되어 있다

대한 고민과 불안발작 증세가 나타났다. 정신과 통원치료와 장기간에 걸친 정신요법으로 불안발작은 사라지고 정규직에 취직하여 자립생활을 하고 있다.

그러나 스물여섯 살이 된 최근에서야 자신을 싸고 도는 공허감으로 인한 무기력감이나 영문을 알 수 없는 절망감을 참을 수 없어 심리요법사에게 다니는 것도 귀찮아지기 시작했다.

그럴 때 가족 트라우마에 관한 강연을 듣고 우리를 찾아왔다.

그녀는 '왠지 알 수 없지만 나는 아버지(계부)가 무서워서 집으로 돌아가지 못하겠어요.'하고 말했다.

그 말을 듣고 그녀의 성생활에 대해 물었다.

그녀는 세차게 고개를 가로저었다. 대학 때부터 사귀던 남자친구와 동거하고 있는데 그 남자친구와도 그렇고 다른 누구와도 섹스는 일체 하지 않는다고 한다. 그런 경험은 무섭고 더러워서 할 수 없다고 했다.

그래서 그녀에게 성적 학대를 주제로 하는 그리프 워크 그룹에 들어가기를 권했다.

이 여성의 어머니는 아버지와 이혼한 후 재혼했다. 그녀는 여섯 살 때부터 계부와 같이 살았다고 한다. 그룹에 참가한 지 2주째가 되었을 때 그녀는 계부와 동거하던 여덟 살 때의 기억에 대해 이야기했다. 자신의 속옷을 헤집고 더듬는 계부의 손길에 대한 기억이다. 여덟 살 때 성기에 느낀 아픔에 대해서도 이야기했다. 여덟 살 때 그녀는 이모 집에 맡겨져 1년 동안 지냈는데 그것이 무슨 이유 때문이었는지는 기억나지 않는다고 했다. 또 여덟 살 때 집을 뛰쳐나와 어두운 길을 맨발로 돌아다닐 때 발바닥이 몹시 아팠던 느낌에 대해서는 또렷이 기억하고 있다.

"아녜요, 그건 기억이라고 말할 수 없는 거예요."

그녀는 말했다.

"기억이라기보다는 몸의 감각입니다. 밤길은 '이미지'일 뿐입니다. 어쩌면 꿈이었는지도 몰라요."

그리고 덧붙여서 이렇게 말했다.

"나는 여기 있는 모든 사람들과는 좀 다를지도 몰라요. 나는 계부에게 어떤 일을 당한 기억 같은 건 없어요. 그냥 이미지일 뿐인 걸요."

그때 '나도 그런 시기가 있었어요.'하는 동료의 반응이 있었다. 다른 동료가 좀 더 자세하게 '이미지'가 기억으로 바뀐 자신의 체험을 털어놓았다. 이 여성이 어두운 길을 걸어 다녔던 기억 전후를 회상해 낸 것은 그 다음 주였다.

사실 그날 밤 그녀는 계부의 애무의 손길을 피해 집을 뛰쳐나갔던 것이다. 그녀가 1년 동안 친척 집에 맡겨진 것은 아마도 이 사건 때문인 듯했다. 그녀는 거기서도 같은 또래의 사촌에게 폭력을 동반한 괴롭힘을 당했다. 그녀는 이에 관한 끔찍한 과거의 일은 잘 기억하고 있지만 계부의 성적 피해에 대한 기억은 까맣게 잊었던 것이다. 죽은 어머니는 완전히 미화되고 계부의 소행으로부터 자신을 보호해주지 못한 '나쁜 엄마' 부분은 기억에서 완전히 제거되었던 것이다.

사이코드라마 안에서의 회상

이쯤에서 '리프로세싱 리트리트[115]'라고 부르는 트라우마와 직접 마주하기 위한 기법을 소개하겠다. 이 기법은 일본의 사이토 사토루가 소개한 내용이다.

이것을 주장하고 실천하는 사람은 캘리포니아 주 소노마를 거점으로 하여 정신요법가로 활약하고 있는 니시오 가즈미 씨이다. 해마다 한 차례씩 샌프란시스코 주변의 '비밀의 장소'에서 일본인을 위한 섹션을 진행하고 있다.

20명가량의 참가자는 4일 동안의 섹션 중에 한 사람이 한 번씩 자신이 체험한 트라우마를 연출한다. 그러나 이 주제의 결정은 온전히 참가자의 자의에 맡긴다. 다른 참가자는 연출하는 사람이 겪은 트라우마 당시의 인물들 즉, 아버지, 어머니, 아이들, 교사, 가해자 등을 연기한다. 즉 일종의 사이코드라마가 전개되는 셈이다.

그 안에서 평소에 감정을 억압하는 데 익숙한 우리 일본인에게는 너무 혹독하지 않을까 싶을 만큼 격렬하게 감정을 표출하는 것을 볼수 있다. 그것은 일상생활 공간에서 떠나 다른 사람의 과거 트라우마

---

115) reprocessing retreat 은신처에서 하는 개인사 재구성

에 접근해가는 동안 자신도 예상치 못했던 격렬한 감정이 억압을 뚫고 나타나는 것이다.

드라마는 사실의 회상과 함께 차츰 연출하는 사람이 바라던 인물상으로 대체되어 간다.

예를 들어 가혹한 어머니는 당사자를 치유하는 어머니로, 근친상간을 저지른 아버지나 오빠는 그 사실을 진심으로 사죄하는 아버지나 오빠로 대체되고 그로 인해 당사자가 그 시점에서 바라는 '치유'가 '생생하게 그 자리에서' 실현된다.

이렇게 4~5일간 아침 9시부터 밤 9시까지 20여 명의 트라우마를 함께 연기하는 동안 '자신의 과거사 같은 건 사실 그대로 연기할 수 없을 것'이라고 생각하던 참가자들의 억압은 차츰 조금씩 풀려간다.

이렇게 격렬한 비탄작업을 끝낸 후에 심리적인 동요가 계속되는 경우도 있다. 그럴 때의 대처는 정신과 의사가 할 일이다.

자기감정에 지나치게 제동을 거는 사람들에게는 효과적인 방법이라고 생각한다. 하지만 유감스럽게도 샌프란시스코까지 가는 일이 쉽지는 않다. 그래서 1994년부터 해마다 한 번씩 일본의 '시골'에서도 이 기법을 시행하고 있다.

이렇게 하여 고객(서바이버)들이 과거의 공포(트라우마)에 직면하는 '장면'을 제공하고 그들의 이야기를 들어주는 편안한 상대, 민감한 독자, 그들의 감정표출의 목격자로서의 역할을 충실히 이어나가고 있다.

잃어버린 것들에 대한 탄식

트라우마는 반드시 상실을 동반한다. 이 상실 체험의 연속이 서바이버가 호소하는 간절한 외로움의 원인이다. 그러나 '잃어버린 것을 한탄하는 것'은 곤란한 작업이다. 가해자에게 복수하는 심정으로 치닫거나 가해자라 여기는 사람에 대해 배상을 청구하기도 하고 반대로 모든 걸 용서함으로써 마음의 부담을 덜려고 하는 등 옆길로 빠지기 쉽다.

그러나 이런 옆길은 결국 '판타지(환상)'이다. 이 환상은 어덜트 칠드런의 성장 원칙인 '엠파워먼트'와는 반대 방향으로 나아가려는 노력이다.

어덜트 칠드런의 회상은 치료자와의 접촉과 셀프 헬프 그룹에 참가하는 가운데 서서히 변화한다. 즉 트라우마의 기억은 서바이버의 인생을 외부에서 위협하는 그림자에서 그들의 인생 안에 통합되는 형태로 바뀌는 것이다.

그러면 상실이란 무엇인가.

우선 중요한 사람, 친한 사람, 자신이 소중히 여기는 사람, 그런 '인간관계의 상실'이 있다. 친한 사람과의 이별, 이혼, 거부, 버려짐, 혹은 상대의 도발, 부모의 죽음, 부모로서 기대했던 자식의 죽음, 부모나 자신의 질병, 자녀가 성인이 되어 집을 떠나는 것, 그런 모든 것들이 상실이다. 그리고 이것은 모두 트라우마가 된다.

우리 주변에서는 크고 작은 인간관계의 상실이 매일 빈번하게 일어 난다. 너무 사소하기 때문에 그걸 깨닫지 못하고 지나치는 경우도 있고 너무 멀리, 예를 들어 기억의 밑바닥 깊숙이 묻혀 잊히는 것도 있다.

자기 자신도 물론 상실의 대상이 된다. 예를 들어 자신의 신체에 대한 이미지이다. 중년이 되어 몸이 약해지고 전처럼 민첩하게 움직 이지 못하는 것도 하나의 상실이다. 여성의 폐경도 이에 해당하며, 이것은 여성성의 중대한 상실이다. 자궁근종으로 자궁을 들어내면 이것도 물론 상실이다. 남자의 당뇨병이 심해지고 그로 인해 성적으로 발기부전을 가져왔다면 그것은 남성성의 상실이 될 것이다.

사고로 신체의 일부를 잃은 것도 상실이다. 그때까지는 혼자서 무 엇이든 할 수 있었는데 두 다리를 잃고 남에게 의지하지 않으면 살아 가지 못하게 된 사회관계 안에서 일어난 사건도 상실에 해당한다.

라이프 스타일이 자신이 살고 싶은 대로 되지 않아 상실감을 갖는 경우도 있다. 모국에서 생활하던 사람이 갑자기 일 때문에 동남아시

아나 유럽 등 외국에 나가서 살게 됨으로써 문화적 충격을 일으키는 '문화적 상실의 체험'도 있다. 이민자, 피난민, 유학생들에게는 절박한 상실이다.

더 중요한 것으로 '어린 시절의 상실'이 있다. 건전한 부모자식 관계가 어떤 일을 계기로 상실된다던가, 발육이 어느 시점에서 두드러지게 나타나 이제 어린이에서 성인으로서의 책임이나 역할을 짊어지게 된 것도 상실에 해당한다. 이러한 체험의 경우 탄식은 인격에 통합되지 않고 '내적인 어린이'의 비명으로서 언제까지고 남는다.

'이행 대상의 상실'과 어릴 때부터 애착하던 봉제인형 같은 것들을 부모가 내다버린 경우이다. 이것도 '내적인 어린이'에게는 절실한 아픔이다. 동생이 태어나는 것도 상실이다. 이것은 '어머니의 무릎이나 젖가슴의 상실'이다. 반대로 형제가 없어지는 것도 상실이다.

성장에 따르는 신체의 변화도 상실체험의 원인이 된다. 지금까지 어린이의 몸이던 것이 사춘기에 들어서 여성적인 특징을 얻는, 혹은 남성적으로 되는 것 자체가 하나의 '상실[116]'이다. 이것은 어린이로서 보호받는다는 '안도감의 상실'이기도 하다.

어린 시절에 경험한 부모의 이혼이나 죽음도 물론 상실이다. 부모의 전근, 이사, 이혼 때문에 그때까지 유지해오던 친구들과의 인간관계를 잃게 되는 상실에는 커다란 아픔이 따른다.

'물건의 상실'도 무시할 수 없다. 예를 들어 자신이 애착을 가지고

---

116) 어린이인 자신의 상실

있던 지갑이 없어지는 것은 지갑이 없어지고 돈이 없어진 것뿐 아니라 그 지갑에 얽힌 추억의 상실이라는 문제를 동시에 안고 있다. 열쇠가 없어졌다는 것은 상당한 상실감일 것이다. 열쇠가 없어지면 여러 가지 불편한 일이 따르기 때문에 자신의 '일상생활을 상실'하는 것이다.

이런 사람이나 물건은 자기 주위를 감싸고 안전을 유지해주는 벽 같은 것이다. 이것이 상실된다는 것은 모두 우리에게 트라우마가 된다. 현재 생활 안에서 생긴 비교적 가벼운 트라우마가 더 깊은 과거의 상실에 대한 탄식을 이끌어내는 경우도 있다.

한 20대 후반의 여성이 있다. 이 여성은 아버지가 술고래로 신체적, 심리적인 아동학대를 받으며 자랐다. 그녀가 여섯 살 때 어머니는 이 여성과 아버지를 남겨두고 떠났다.

10대 후반이 되자 이 여성도 알코올과 시너의 남용으로 치달았다. 그와 동시에 다채로운 남성편력을 시작했다. 그러나 어떤 계기로 4년 전부터 알코올과 약물을 끊을 목적으로 한 셀프 헬프 그룹에 참가했다. 우여곡절 끝에 작년부터는 '맨 정신'으로 나날을 보내게 되었다.

그러나 여전히 '외로운' 그녀는 남자친구들과의 자기 파괴적인 관계에서는 떠나지 못하고 있다. 이 '연애기벽'이 현재 그녀가 당면한 극복과제다.

그런 시기에 그녀는 당시 사귀던 남자친구와 헤어졌다. 그 사실에 대해 그녀는 이렇게 이야기했다.

"지금 나는 너무나 큰 상처를 입었어요. 더 이상 떨어질 수 없을 만큼 깊은 나락으로 떨어져 허무할 뿐입니다. 2주정도 전에 남자친구와 헤어졌는데 이번 주에 들어서면서부터 눈물이 멈추지 않습니다. 이렇게 슬픈 이유는 그와 헤어졌기 때문만은 아니에요. 내 안의 작은 소녀가 울고 있는 겁니다."

그녀는 이렇게 말하며 한바탕 울고 나서 계속 말했다.

"그 어린 소녀는 가엾게도 그렇게 끔찍한 일을 당하고...."

여기서 중요한 점은 현재의 생활 가운데 생긴 하나의 상실이 어린 시절의 상실에 대한 기억의 실마리가 되었다는 사실이다.

인생에는 다양한 시기에 여러 가지 상실이 있고 그것이 계속 쌓여간다. 이 여성의 경우 연인과 헤어진 상실이 어릴 적 자신이 부모에게 사랑받지 못했다는 상실 체험을 불러일으킨 것이다. 그녀는 여기서 겨우 자신 안의 과거의 일부와 마주할 수 있게 된 것이다. 그녀는 이 울고 있는 소녀는 여섯 살 때의 자기 자신이라고 말했다.

이너 차일드

그녀가 만난 것은 '차일드 위드 인child with in' 또는 '이너 차일드inner child'라고 부르는 것으로[117] '생기 넘치는 자기'나 '진짜 자기'라고 불리는 것과 같다. 그리고 그것은 '공의존 자기', '거짓 자기' 등으로 불리는 것과 대조를 이루는 자기의 모습이다.

공의존 자기는 외상을 받은 진짜 상처가 왜곡된 형태로 덮여 생기는 것이기 때문에 그리프 워크를 계속하다보면 어느 시점에서 이너 차일드와 만나게 된다.

그리고 많은 경우, 이너 차일드의 출현에 즈음해서는 그녀의 경우와 같이 비탄의 아픔을 동반한다. 그러나 모든 경우가 한탄하는 형태로 나타나는 건 아니다. 또한 이것을 비일상적인 현상처럼 극적이라 생각하는 것도 오해다.

---

117) 둘 다 '내면의 어린이'라는 의미. 이너 차일드와의 해후와 치유에 대해서는 여러 가지 책이 있는데 존 브래드쇼의 『이너 차일드』가 대표적이다.

지금부터는 편지를 보내온 한 여성(22세, 과식증) 이너 차일드의 이야기를 해보자.

그녀는 이것을 특별한 기술로 훈련받았던 건 아니다. 이 편지를 쓰기 전에 KABA의 멤버들에게 글로리아 스타이넘의 저서 『진정한 자신을 찾아』를 읽도록 권했다. 이 책은 그들에게 힘을 북돋아주는 훌륭한 내용을 갖추고 있다고 생각하기 때문이었다.

이 편지를 보낸 여성은 이 책을 읽고 특히 '회상의 실마리'라는 부분에 이끌려 스스로 자신의 어릴 적 과거와 만나기 위해 명상을 해보았다고 한다.

그녀는 이렇게 말했다.

"오늘은 '안전한 장소'의 명상과 함께 '과거의 나 자신이라는 아이'의 명상도 같이 해보았습니다. 나 자신의 어린 시절 모습을 떠올렸을 때 저 스스로도 놀랐지만 눈물이 쏟아졌습니다.

내가 떠올린 이미지는 초등학교 고학년 때의 나였습니다. 처음에는 1년쯤 전에 외할머니가 주신 초등학교 때의 내 사진이 떠올랐습니다. 어딘가 공원에서 가족과 공놀이를 하고 있는 사진입니다. 그 사진을 받았을 때 나는 '뚱뚱한 나'를 좋아할 수가 없어서 그 사진을 받은 것도 기쁘지 않았습니다.

그 사진 속의 내가 움직이는 장면을 떠올리려고 했지만 좀처럼 잘 되지가 않았습니다. 그저 눈물만 흘렀습니다.

드디어 사진 속의 그녀가 내 옆까지 왔을 때 『진정한 자신을 찾아』

에 있듯이 나는 '안아주었으면 좋겠어? 아니면 내 무릎 위에 앉고 싶어?'하고 물었습니다.

그녀는 마음을 열지 않았습니다. '다른 사람에게 사랑받는다는 사실을 받아들일 수 있는 게 믿어지지 않아서….'라고 말했습니다. 아무런 표정이 없었습니다.

나는 그때 작년 서정오(가명) 선생의 워크숍에서 일어났던 사건을 떠올렸습니다. 다른 동료들처럼 나도 서정오 선생에게 포옹을 받고 싶어서 선생 앞에 서있었습니다. 선생은 포옹을 해주었지만 나는 선생이 나를 포옹하기 전까지는 잠깐 동안 공포를 느꼈습니다. 선생에게 거절당하는 게 무서워서 마음속으로는 안심을 할 수가 없었던 것입니다.

그 사실을 워크숍 안에서 모두에게 이야기했더니 같이 참가했던 한 어머니는 '나는 내 아이를 껴안지 못하는 어머니입니다….'하고 말하며 울었습니다.

사진 속의 초등학생인 나는 '외롭고 고독해서 도움을 받고 싶지만 포옹을 받기에는 무섭고 믿을 수 없다.'고 말했습니다.”

그로부터 2개월이 지나 이 여성에게서 온 편지에 다시 '어린이'가 등장했다.

“나는 오늘 오랜만에 '어린 시절의 명상'을 했습니다. 초등학교 1학년 무렵의 나였습니다. 나는 그 무렵 학교에 갈 수 없게 되었습니다. 부모님에게 도움을 받은 기억이 없습니다.

　기억하는 것은 오랜만에 학교에 갔을 때 혼자서 교실에 들어가 선생님과 학생들에게 박수를 받았던 장면입니다. 나는 혼자서 교실에 들어가는 '그녀'에게 말을 걸었지만 외면당했습니다.

　그래서 다음으로 나는 학교를 쉬고 있을 때의 '그녀'에게 말을 걸었습니다. 그녀에게 '포옹했으면 좋겠어? 아니면 내 무릎 위에 앉고 싶어?'하고 묻자 그녀는 '안아줘....'하고 말했습니다. 그때 나는 눈물이 쏟아졌습니다.

　나는 계속 외로웠던 모양입니다. 혼자서 고민을 안고 아무에게도 이야기하지 못하고 뭐든 혼자서 해결하지 않으면 안 된다고 생각해온 것 같습니다. 어릴 때부터 줄곧....

　하지만 나는 사랑을 받고 누군가에게 고민을 털어놓고 보살핌을 받는 게 당연했습니다. 내가 나답게 성장해 가기 위해서도 그렇게 할 필요가 있었던 겁니다."

이너 차일드와의 불행한 만남

 이너 차일드와의 만남에는 주의해야 할 점이 있다.

과거의 자신을 만나는 작업은 자발적으로 자신을 완전히 제어할 수 있는 조건 아래서, 편안한 상태에서 하는 것이 좋다. 현재의 자신이 받아들일 수 없는 이미지가 떠오르거나 그 이미지에 겁을 먹거나 하는 경우에는 즉시 중단하고 다른 기회에 해보는 여유를 가지는 것이 중요하다.

그러나 때로는 약물을 이용하거나 최면유도를 이용하거나 그 밖의 기술적인 연구를 토대로 과거의 이미지를 능률적으로 이끌어내려는 치료자도 있지만 우리는 이런 방법에 의구심을 느낀다. 치료자나 그 밖의 다른 사람에게 지배당하는 상태에서 작위적으로 만들어내는 과거의 이미지는 때로 기억을 좇던 당사자를 곤경에 몰아넣는 경우도 있기 때문이다.

최근 미국의 재판사례 등에서 폴트 메모리[118]라는 말을 종종 듣는다. 이것은 부모에게 받은 성적 학대 등의 고소가 치료자에게 독촉을 받은 회상에 의해 이루어지고, 가해자로 간주된 부모가 사실을 부정하고 역으로 치료자를 고소하는 등의 사건으로 새로운 문제가 되는 것이다. 이러한 트러블의 대부분은 회상이 치료자에 의해 강제로, 작위적으로 이루어진 경우에 생기는 것이라고 볼 수 있다.

그리프 워크를 하고 있다는 자각이 결여된 채 이너 차일드와 만나자마자 조우하는 따위의 경험을 하는 경우도 있다. 이 경우 그 사람은 이 만남의 의미를 파악하지 못하고 인생의 위기를 증폭시키는 경향이 있다.

스물다섯 살의 한 보육사는 보육 업무를 시작한 지 2년이 지날 무렵부터 아이를 다루는 일에 피로를 느꼈다. 원래 자신은 아이를 좋아한다고 생각했다. 그랬기 때문에 아동보육사 교육을 받고 이 일에 종사하게 된 것이다. 그런데 1년가량 전부터 아이들에게, 특히 자신에게 응석을 부리며 달려드는 아이들에게 혐오감이 들었고 자기도 모르게 때려주고 싶어졌다.

몸 상태도 나빠져 허리에 심한 통증을 느꼈다. 입부터 목에 걸쳐서 답답한 압박감에 시달리게 되어 턱을 괴고 앉아있지도 못할 정도가 되었다.

견디다 못해 근무처 원장에게 사직서를 제출했지만 그녀의 능력을

---

118) fault memory 과오기억

높이 사던 원장은 놓아주려고 하지 않았다. '지친 것 같으니 좀 쉬라'는 말을 듣고 내과계의 검사도 받아보고 며칠 병원에 입원도 했지만 일에 대한 의욕을 잃은 상태가 계속되었다.

그러던 차에 한 연수회가 있었고 그녀는 거기에 참가했다. 그 연수 프로그램 가운데 '내적인 어린이와의 만남'이라는 것이 있었다. 그녀는 이너 차일드와 만나는 몇 가지 기법[119]을 두 시간가량에 걸쳐 배웠다고 한다.

집으로 돌아온 그녀는 그걸 시도해보았다. 그런데 일단 왼손으로 글씨를 쓰려고 노트를 마주하고 있다 보니, 손이 마치 '요술'에라도 걸린 듯 멋대로 움직여 글씨를 계속 써내려갔다.

더욱 놀란 것은 그녀가 쓴 글씨를 읽을 때였다.

거기에는 그녀가 초등학교 고학년 때부터 고등학교에 입학하여 집을 떠나 하숙을 하기까지 아버지에게 받았던 성적 학대에 대한 것이 적나라하게 씌어 있었다.

그녀의 기억에는 전혀 남아있지 않은 일이었지만 읽으면서 허리 부분이 요에 닿는 감촉을 느끼고 몸서리를 쳤다. 아버지의 손이 입을 막았을 때의 답답한 감각도 되살아나기 시작했다.

이 여성은 여기서 회상이 더 이상 나아가는 것을 중단하고 깊은 우울감에 빠졌다. 혼자 사는 집에 틀어박힌 그녀를 걱정하던 원장이 이 여성을 우리에게 소개했는데 원장은 그녀가 어떤 체험을 했는지

---

119) 왼손으로 글씨 쓰기 등

알 리가 없다.

상당히 많은 날들이 지나 이 보육사는 우리를 찾아와 지금까지의 이야기를 해주었다.

우리는 다시 정식 그리프 워크에 들어가기를 권했지만 그녀는 '생각을 좀 하게 해 달라'고 대답했다. 그녀가 우리에게 요구한 것은 단지 원장에게 사직서를 수리하게 해달라는 것뿐이었다.

우리는 원장에게 '그 사람은 보육 업무에 맞지 않다'고만 전했다. 그녀는 얼마 후 직장을 그만두고 우리 앞에서 모습을 감추었다. 어딘가에서 회복의 계기를 찾을 수 있다면 다행이겠다.

분노와 눈물

그리프 워크가 진행됨에 따라 회상은 눈물 속에서 이야기를 하게 된다. 그리고 그 눈물에는 분노가 포함되어 있다. 이러한 눈물이나 분노의 표출이 저지된 채로 남아있는 경우에는 감정차단이 계속된다. 그런 경우 아무리 시간을 들여도 그 그리프 워크는 순조롭게 전개된다고 할 수 없다.

앞에서 설명했듯 그리프 워크란 '잃어버린 것(상실)을 탄식하는 작업'이다. 그 상실은 애착 대상 자체일 수도 있고, 애착대상이어야 할 것의 배신이나 자신의 어린 시절의 평안의 상실이거나, 어린 시절 자체의 상실일 경우도 있다.

육신의 죽음이란 그것이 사고든 질병이든 의식적인 모닝워크[120] 안에서 '처리'되고 어쩔 수 없는 자연의 섭리라고 간주되지만, 어덜트 칠드런의 경우 장례식이 명확하게 치러지지 않은 상태인 경우가 참

---

120) mourning works 장례식, 이것도 그리프 워크의 일종

많다.

　한 50대 여성은 오열하면서 그녀가 중학교 때 사고로 죽은 아버지에게 격렬한 분노를 터뜨렸다. 아버지는 과음을 하고 길가에 쓰러져 있는 때가 많은 사람이었다. 소녀시절 그녀는 친구들 앞에서 부끄러워 속으로 숨겨둔 아버지였다. 한편으로는 동생만 편애하고 자신을 계속 무시했던 어머니에게는 요구해봐야 얻을 수 없는 것들을 그녀는 아버지에게서 얻으려 했다고 한다. 몸집도 왜소하고 무능력하여 어머니에게 들볶이던 아버지였다.

　자동차에 치어 죽은 아버지는 평소보다도 한층 작아보였다. 거기다가 아버지는 그녀가 초등학교 때부터 입던 바지를 입고 죽었다. 사고 때문에 내장이 모두 한옆으로 쏟아져있었다. 아버지의 죽음을 눈으로 보면서 중학생인 그녀는 조금도 슬퍼할 수가 없었다. 슬프기는커녕 창피한 아버지가 없어졌구나 하는 생각에 오히려 안도의 한숨을 쉬고 싶을 정도였다고 한다.

　이제 쉰을 넘은 그녀는 큰소리로 한탄하면서 화를 냈다. 그녀는 이렇게 말하는 것 같았다.

　"왜 죽은 거야. 왜 하필이면 그 때 죽은 거냐고. 오빠가 첫 월급을 탔다고 사준 술을 마시고 죽다니. 그 후 오빠는 가출해버렸잖아. 교통사고라고 하지만 그건 자살이었어. 알고 있다고, 나는. 아무리 일을 해도 먹고 살 수가 없어서.... 좋은 일이라곤 하나도 없는 상태로....

왜 죽은 거야. 그 무렵 나에게는 아버지가 정말 필요했다는 걸 잘 알면서 왜....”

이 오열은 어덜트 칠드런을 대상으로 한 그리프 워크 가운데 한 장면이다. 그녀는 처음에는 자녀들의 등교거부에 대해 상담하러 왔었다. 이윽고 자녀들이 어렸을 적 자신이 잔혹하고 억압적인 어머니였음을 깨닫게 되었고, 아동학대를 하는 어머니들이 모이는 셀프 헬프 그룹[121]에 참여하게 되었다.

그러나 거기서는 동료들에게 받아들여지는 느낌을 갖지 못하고 그룹의 조언자로 일하던 여성에게도 분노를 느껴 그곳을 떠났다.

사실 그녀는 전부터 이처럼 여러 치료자와 상담사를 전전해왔다. 공허감과 외로움과 무기력에 시달리다 지치면 도움을 찾는다. 그러나 거기서 치유를 받는 대신 치료자에게 분노를 가지고 마지막에는 혐오감과 반감을 안고 그곳을 떠나기를 되풀이했다.

이 까다로운 여성에게 어덜트 칠드런을 대상으로 한 그리프 워크 그룹에 참가해볼 것을 권했다. 그녀는 주저했다. AC그룹의 다른 참가자는 그녀의 자녀와 같은 또래들뿐이었기 때문이다. 그런 이유에서인지 그녀는 눈물도 좀체 보이지 않았다. 분노를 억누르고 불쾌한 표정으로 모든 게 시시하다는 듯 자신의 인간관계를 이야기했다. 어머니의 사랑을 받지 못했던 소녀시절의 추억과 갈등으로 가득했던

121) 어머니와 자녀의 관계를 생각하는 모임

남편과의 생활, 그 남편이 아버지와 마찬가지로 교통사고로 죽었다는 것 정도를 토로하긴 했지만 모든 게 담담한 사실의 나열이었다.

앞에 묘사한 광경은 그녀가 10번째(10주째) 참가했을 때였다. 8회째 섹션에서 그녀는 치료자의 역할을 맡았던 사람에게 말했다.

"선생님, 나도 울 수 있게 해주세요."

"그건 당신 스스로 만들어야 합니다. 누가 도와줄 성질의 일이 아닙니다."

그 다음 주인 9주째에 들어 그녀는 여동생을 데리고 쇼핑을 가는 어머니에게 '나도 데려가 달라.'고 울면서 애원하던 소녀시절의 일을 평소보다 천천히 회상하기 시작했다. 그녀의 어머니는 그때 그녀의 목소리가 들리지도 않는 듯 등을 돌리고 그녀를 남기고 떠났다고 한다. 그때의 어머니와 마찬가지로 아버지도 남편도 그녀를 남기고 떠나간 것이다.

멀어져가던 어머니의 뒷모습을 이야기하던 그녀는 목에서 오열을 터뜨리기 시작했다. 그것은 점점 격렬해졌고, 옆에 있던 동료가 어깨를 안아주었을 때는 격한 파도에 자신도 어쩔 수 없이 흔들리기 시작했다. 그 자리에 있던 동료들은 차례로 자리에서 일어나 그녀 주위에 모여들었다. 어떤 사람은 그녀를 포옹하면서 같이 울고 어떤 사람은 그녀의 등을 손으로 토닥이며 따뜻함을 전해주었다.

참고로 이런 그룹(7~8명)을 이용한 그리프 워크의 한 섹션은 8회로 제한하고 있다. 이 여성처럼 8회를 넘는 경우도 있지만 그래도 16회

를 넘는 일은 없도록 규정하고 있다. 탄식과 회상의 작업으로 생생하
게 꿈틀대는 자신의 감정을 되찾은 후에는 '리컨스트럭션[122]'이라는
본래의 목적을 달성하기 위한 작업이 기다리고 있기 때문이다.

눈물 흘리는 여인

---

122) reconstruction 인간관계 재구성

눈물 흘리는 여인

이인희07_망원동_00333.JPG_저작권위원회

제7장

변화하는 나

으스대는 아기

LP1610070138_조지호_아기 24종_저작권위원회

탄식작업의 진행방법

'회상과 탄식작업'은 우여곡절을 겪으면서 진행된다. 때로는 어중간한 상태에서 새로운 '공의존 자기'나 '거짓 자기'에 도달하는 결과로 끝나는 경우가 있다.

그리프 워크는 공의존 자기로부터 여행을 떠나는 데 대한 위험과 리스킹[123])을 동반하는 쇼크, 불안, 분노 등 불쾌한 감각으로부터 시작된다. 이어서 아픔, 절망의 감각에 휩쓸리고, 이윽고 상실에 얽힌 여러 가지 기억이 되살아나 이것을 하나하나 탄식하는 순서로 진행해 나간다. 전체적으로 3단계로 나누는 사람도 있다.

그래프 워크의 제 1단계

제 1단계는 경계와 부인否認이 두드러지는 시기다. 이 단계에서는 별로 극적인 이야기도 나오지 않고 트라우마와 관련된 사건의 경과를

---

123) risking 우려

이야기할 수는 있어도 그에 따르는 정서 표출이 없기 때문에 눈물이나 분노가 거의 없다.

그리프 워크의 제 2단계

이 단계에서 겨우 '상실과 트라우마' 문제가 표출되기 시작하는데 이에 동반하여 신체적인 아픔, 불편함, 심리적인 고뇌, 무력감이 눈에 띈다. 고객은 잃어버린 것에 대한 생각에 잠겨 그 사실을 끊임없이 이야기하고 싶어 하게 되고 잃어버린 것을 되찾으려는 데 집착한다.

예를 들면 지금까지 너무 미운 나머지 피하던 부모에게로 돌아가 그들을 향해 있는 대로 욕설을 퍼붓고 돌아오기도 한다. 그런 한편으로 '뭘 해야 좋을지 모르겠다', '아무것도 할 마음이 내키지 않는다', '시간이 멈춰버린 것 같다', '자신이 갈가리 찢겨버린 듯하다', '현실감이 없다', '살아갈 가치가 없다' 등의 말을 하기 시작한다.

이 시기가 되면 '우울증이 아닐까', 혹은 '정신병이 아닐까' 걱정하게 하는 사람도 나온다. 울거나 화를 내는 빈도가 차츰 늘어나는데다가 격렬해지기 시작한다.

이 단계 후반에 들어서면 잃어버린 사항의 세세한 특징이나 가치에 대한 묘사가 나오기 시작한다. 그와 동시에 많든 적든 유아기로의 퇴행[124]을 볼 수 있다. 이것이 무력감과 우울감을 더 심화시키는 경

---

124) 어린이 회귀

우도 있고 반대로, 해방과 희망으로 향하게 하는 계기가 되기도 한다.

다시 말해 여기가 바로 치료자의 역할이 엄중하게 요구되는 단계이므로 치료자는 어덜트 칠드런의 성장 가능성을 믿고 그것을 실현할 때의 단서가 되는 그들의 장점, 파워포인트를 함께 찾고 그것을 초점으로 하여 그들의 힘을 북돋워주어야 한다.

이 단계가 끝날 무렵이 되면 고통과 비탄이 다소 가벼워지기 시작하고 상실이라는 의미를 생각하게 되거나 잃어버린 것을 빼놓은 상태로 인생을 다시 살아보려는 생각을 갖기도 한다.

그리프 워크의 제 3단계

이 단계에서는 상실과 비탄의 종합이 이루어진다. 그리프 워크가 잘 되면 트라우마 체험(상실)이라는 현실을 받아들인 다음에 신체적으로나 심리적으로 안정되기 시작한다. 울거나 화를 내는 횟수가 서서히 줄고 그 정도도 가벼워진다. 스스로의 성장을 깨닫고 전보다도 자존심이 강해져 그것이 태도나 모습에도 드러난다. 인생을 즐겁게 살 능력이 생기고 생활도 다양하고 풍부해지기 시작한다.

과거의 트라우마와 상실을 아픔이 아니라 스스로를 위로하는 재료로 자유롭게 회상할 수 있는 새로운 정체성 즉, 자기 동일성에 도달하는 것이다.

그러나 이 제 3단계가 잘 이루어지지 않는 경우도 있다. 그리프 워크 과정에서 생긴 우울감이 오래 지속되어 신체적 고통이나 심리적 고민이 그 사람의 몸에 밴 것처럼 보이는 경우다.

이런 상태에서는 그 사람의 자존감은 더욱 낮아지고 그 후의 인생에서 다시 이혼, 상실, 트라우마에 휘말리게 된다.

이상의 내용은 물론 일종의 가설이다. 실제로는 이런 일들이 서로 겹치거나 순서를 건너뛰거나 거꾸로 진행되기도 한다.

나의 이야기를 하는 의미

그리프 워크의 기본은 '자신에 대해 이야기한다'는 것이다. 자신이라는 존재에 대한 이야기를 짜나가는 것이다. 그것이 비참하든 평탄하든, 당신이 말하는 '나의 이야기'가 바로 당신의 이야기다.

테라피[125] 가운데는 체면을 포함한 여러 가지 방법이 있다. 기본적으로는 개별 섹션이나 그룹 안에서 이야기를 하는 사람과 듣는 사람으로 나누는 것이 에너지도 가장 적게 들고 효과도 크다.

그만큼 '나의 이야기'를 말하는 작업에 대해 잘 생각하지 않으면 무엇을 하는지 알 수가 없게 된다. 다른 사람이 뭔가를 해주는 작업으로 오해하면서 막연하게 테라피에 참가해봐야 아무 일도 일어나지 않는다.

그룹 안에서는 한 사람의 이야기가 수 주에 걸쳐 조금씩 전개된다. 더구나 그것은 시간의 순서에 따라 이야기되지 않는다. 현실상황에

---

125) therapy 요법

관한 비탄에서 시작하다가 갑자기 어린 시절의 기억으로 곤두박질치기도 한다. 이야기를 함께 듣는 멤버의 구성에 따라서는 이야기되지 않고 끝나는 부분도 있다.

이러한 흐름 때문에 중간에 참가한 사람이 들으면 이야기의 줄거리가 처음부터 죽 이어지지 않는다. 이야기의 진짜 의미를 파악할 수 있게 되기까지는 수 주가 걸린다. 그러나 일정기간 참고 계속 듣다보면 갑자기 이야기하는 사람의 인생이 진짜 자신의 것처럼 느껴지는 때가 온다. 여기서 진짜 의미의 셰어링126)이 시작되는 것이다.

스릴과 명암의 교차가 풍부한 명작 대하소설과도 같은 세계가 전개되기 시작하면 듣는 사람은 이야기하는 사람의 인생을 살면서 손에 땀을 쥐고 함께 기뻐하고 슬퍼하게 된다. 그렇게 되었을 때 비로소 듣는 사람은 이야기하는 사람이 될 수가 있다. 자신의 '나의 이야기'를 의도적인 거짓말로 꾸미지 않고 성실하게 말하기 위해 필요한, 이야기를 들어주는 사람에 대한 신뢰가 생기기 시작하기 때문이다.

그러므로 듣는 사람에게는 단 한 가지 공감이 요구된다. 즉 공감 내지 공감을 가지고 들으려는 태도가 요구된다. 이러한 최소한의 마음가짐만 있으면 이야기하는 사람의 이야기 도중에 끼어들거나 질문하거나 감상하거나 비판하는 일은 없다. 비판이나 해설, '오늘 이야기는 아주 재미있었다' 따위의 평가는 전혀 필요치 않다. 듣는 사람의 비판이나 해석은 이야기하는 사람의 안도감을 덜어내기 때문에 반드

---

126) sharing 나눔

시 피해야 한다는 규칙이 필요하다.

이야기하는 사람에게도 단 한 가지, 자신에게 성실해야 한다는 점이 요구된다. '자신에게 성실하다'는 말은 자기감정에 충실해야 한다는 의미다. 분노 같은, 보통 남 앞에선 피해야 하는 감정표출에 대해서도 성실할 것이 요구된다.

그러나 이것은 말하고 싶지 않은 내용까지 이야기해야 하는 정신적 스트립을 강요하는 것은 아니다. '이 자리에서 이야기할 수 있는 건 여기까지'하는 식으로 이야기하는 사람이 자신의 판단에 성실히 임하는 것도 성실함의 중요한 요소이다. '자기 마음을 지키는 데 성실할 것'이라고 바꾸어 말해도 좋다.

이야기의 변화와 깊이

한 가족이 있다. 이 가족에게는 열여덟 살의 딸이 있는데 그녀는 젊은 알코올중독자다. 가족은 세 식구로 자영업을 하는 50대의 부모와 함께 사는 딸이 있다. 그밖에 다섯 살 위의 언니가 있지만 우리가 이 가족과 알게 된 지 얼마 후에 결혼했다. 이 딸은 열일곱 살에 이미 중증 알코올중독자가 되었다. 그뿐 아니라 혀를 가위로 자르겠다, 자동차에 뛰어들겠다, 2층에서 뛰어내리겠다는 등 굉장한 자살기도나 자해행위를 했었다. 매주 주말이 되면 고주망태가 되었고 그럴 때마다 크게 부상을 입어 얼굴은 만신창이가 되었다. 그야말로 상처투성이의 인생이었다.

그러나 이 가족에게 우리가 주목했던 것은 그녀가 아니라 그녀의 어머니였다. 왜냐하면 그 어머니가 너무 활달하여 지나치게 억척스럽다는 생각마저 들었기 때문이다.

그녀 일가의 가족요법을 실시하던 당시만 해도 딸은 아직 그런 위험한 상태를 지속하고 있었다. 당시 그녀는 술은 끊었지만 약국에서 파는 신경안정제를 먹고 정신을 잃어 순찰차에 태워져 집으로 돌아오는 식의 귀가가 빈번했다. 입원을 권했지만 그녀에게는 심한 대인공포증이 있어서 맨 정신으로 입원하는 건 생각도 할 수 없다며 거부했다. 그러는 사이 그녀는 집 안에만 틀어박히고 그때까지 어렵게 연결되어 관계를 유지하고 있던 한 상담실 상담에도 다니지 않게 되었다.

어찌해야 좋을지 모르겠는 상황에서 가족요법의 초점을 어머니의 변화에 두었다. 전부 여섯 번의 가족 섹션을 진행했는데 마지막으로 이 딸의 장례식을 치렀다. 그녀가 하늘나라로 떠난 것으로 만들기 위해 그녀의 자리에 초상화를 놓고 모두가 향을 피우고 그녀에 대한 추억을 이야기하는 방식을 택했다. 그 다음 주에 그녀는 '병원'이라는 천국으로 가, 몇 개월 만에 퇴원하여 지금은 병원이 있는 G시에서 배우자와 함께 건강하게 살고 있다.

그 때 그녀 주변에서 일어난 세세한 이야기를 여기서 전부 할 필요는 없다. 여기서 말하고 싶은 것은 어머니에 대해서이다. 앞에서 잠깐 언급했듯이 그 어머니는 매우 활달한 사람이었다.

가족 섹션을 처음 시작했을 무렵 가족들에게, '당신들은 너무 건강하다. 특히 어머니 당신은 지나치게 활달하다.'고 말했다. 그리고 2회째 섹션 때 방송에서 MC와 개그맨으로 활동하고 있는 유재석이나 강호동 등 유명인의 '활달함 평가'라는 걸 하게하고 그와 비교하여 자신들은 어떤지 서로 평가하게 했다. 그때는 분명 유재석 10점, 강호동 8점이었다.

이 가족의 경우 어머니는 항상 8점이었고, 아버지는 술을 마시면 8점, 마시지 않으면 2점, 그 딸은 약이 들어가면 8점, 약기운이 떨어지면 0점이었다. 우리는 '역시 어머니는 너~무 건강상태가 좋군요.' 하고 말했다.

이 어머니는 아침 일찍부터 가게 일을 꾸려나간다. 게다가 병든 딸을 걱정하고 알코올중독 기미가 있는 남편의 시중도 든다.

어떻게 이 어머니의 활달함을 떨어뜨릴까하고 남편과 딸에게 의논했다. 그리고 여러 가지 궁리를 해보았다. 예를 들어 우리가 아버지에게 연락을 취하여 일부러 어머니에게 불평을 늘어놓는 식의 시도를 해보았다. 그 어머니는 남편이 취해 잔소리를 하거나 시비를 걸 때 우울해진다고 딸이 말했기 때문이다.

실제로 남편이 잔소리를 하자 '이건 협회 선생이 지시해서 그러는 걸까?' 아니면 '남편이 진심으로 화를 내는 건가?'하고 어머니는 혼란스러워했다. 혼란스러워하는 동안 그녀를 지탱해온 활달함에도 혼란이 생기기 시작했을 것이다. 그런 여러 가지 궁리를 하는 동안 어머니는 우울증이 되어버렸다. 그 계기는 남진의 테이프였다.

이 아버지와 어머니는 호남지방의 시골에서 어릴 때부터 친하게 지내던 사이였는데 두 사람 모두 상경하여 따로따로 일하다가 남편이 가게를 낼 때 결혼했다. 남진의 노래는 바로 그 무렵 유행하던 것이었다. 그 멜로디에 젖어들면 그녀는 가난했던 처녀시절과 결혼 당시의 고향생각이 떠올라 눈물을 그칠 줄 몰랐다. 참으로 오랫동안 잊고 있던 그녀의 사춘기, 그리고 그녀의 처녀 시절이 되살아났던 것이다.

그녀는 해야 할 일도 제쳐둘 정도로 이 테이프에 몰두하며 몇 번이고 되풀이하여 들었다. 그때마다 눈물이 볼을 타고 흘렀다.

어머니가 우울증이 생긴 것을 계기로 이 가족 안의 인간관계는 크게 달라졌고 결국 앞서 말한 딸의 입원으로 이어졌다. 이렇게 5년 전 이 가족의 변화를 이끈 것은 남진의 음악 테이프였는데, 어머니는 최근에 그 테이프를 우연히 발견했다. 잡동사니 속에서 나온 것이다. 그녀는 다시 들어보았다고 한다.

가족요법을 할 당시 이 멜로디로 인해 솟아나던 감정은 자신의 결혼과 그에 얽힌 일들, 자신의 출생과 가난한 집안의 맏딸로서 열심히 버텨온 삶, 자신에게는 다른 사람들과 같은 어린 시절이 없다는 원망 같은 감정과 슬픔이었다.

그런데 이번 딸의 결혼 후 같은 노래를 듣고 떠오른 것은 가족요법 섹션 당시의 여러 장면이었다.

이미 딸은 먼 곳으로 시집을 가, 이 어머니가 배려해야 할 대상이 아니다. 지금은 남편과도 사이가 좋아졌고 둘은 행복하다. 그러나 그 노래를 듣노라면 가족요법 당시의 일이 여러 가지로 떠올라 '아, 저 때가 좋았어.'하는 느낌이 든다는 것이다. 사실 당시는 조금도 좋았던 때가 아니다. 오히려 힘든 시기였다. 그래도 이 어머니는 당시의 자신으로 돌아가 우리가 그 가족을 필사적으로 도와주던 그 무렵의 일을 그리워하며 떠올린 것이다.

똑같은 테이프에서 흘러나오는 멜로디도 이렇게 여러 장면을 떠올릴 수 있게 한다는 좋은 사례다. 최근 이 테이프를 매개로 해서 떠올린 것은 분명 치료자와의 관계일 것이다. 치료자와 딸과의 대화나 그 안에서 이야기한 자신과 남편과의 관계에 관한 대화 등, 이러한 세세한 부분도 치료자와의 관계라는 주제 안에서 전개되는 것이다.

이런 일은 정신요법 안에서는 흔히 일어난다. 치료자와의 관계에 대한 회상이나 환상은 이윽고 유아시절, 어린 시절의 어머니에 대해, 즉 '내적인 어린이' 중에서도 가장 어린 시절의 자신과의 만남으로 이끄는 것이다.

재탄생의 체험

그리프 워크의 한 단계의 종료를 특징짓는 체험 가운데 '재탄생'이 있다. '생기 넘치는 자신', '진짜 자신', '내적인 어린이'의 재생에 관련된 체험이다. 일괄적인 설명만으로는 전달이 어렵기 때문에 실제 예를 들어 설명하겠다.

먼저 '정서를 동반하지 않는 회상'에서 소개한 스물여덟 살 여성의 최근 체험이다. 앞에서도 언급했듯이 그녀는 자신의 트라우마를 격렬한 감정을 동반하여 이야기하게 되고나서 주변의 인간관계가 변했다.

여기서 그 내용을 상세하게 쓸 수는 없지만 치료자와의 관계에 대해서만 말한다면 전에는 '남자가 무섭다', 또는 '다른 사람과 접촉하는 것이 두렵다'는 이유로 SSA 회합 후에 가졌던 '평안의 기도[127)]' 때 연쇄악수도 거부하고 동료들 무리에서 빗겨나갔다.

---

127) '신이여, 우리에게 변화되지 않는 것을 받아들일 침착함을 주십시오. 그리고 변화되는 것을 바꿀 용기를, 그리고 이 두 가지를 분별할 수 있는 현명함을 주십시오.'

그런 그녀가 격렬한 눈물을 흘린 후의 어느 날 악수하는 무리에 참가하게 되었다. 그뿐 아니라 기도 후에 내게로 찾아와 포옹을 청했다. 그로부터 다시 수개월이 지난 최근 그녀는 우리에게 이렇게 이야기했다.

"○월 ○일, 나는 이유도 없이 즐거운 기분에 휩싸였어요. 누군가가 태어난 것 같았어요. 누군지는 알 수 없지만.... 그런 이틀 후에 좀 더 분명한 기쁨을 느꼈어요."

치료자는 다음과 같이 물었다.

"태어난 건 당신이 아니었나요? 그날부터 눈에 비치는 것, 들리는 소리가 변하기 시작하지 않던가요?"

그녀는 고개를 끄덕이며 말했다.

"그래요, 주위가 숨을 쉬며 생동하는 것처럼 느껴져요. 모두가 싱싱하고 신선해요. 약 때문인가 생각했지만 지금은 약을 복용하지 않는데...."

그녀는 오랫동안 갇혀있던 공의존 자기의 감정둔감의 세계에서 빠져나오고 있는 참이다. 이 체험을 처음 들은 것은 20년 전, 당시 치료 대상이었던 알코올중독자들로부터다. 그들 대부분은 기벽에서 빠져나온 후에 우울상태로 들어가는데 그로부터 수년이 흐른 다음에 이런 체험을 이야기했다.

'늘 보던 풍경이 묘하게 싱싱하다.', '길가의 돌까지 뭔가 이야기를 걸어오는 것 같다.', '바람에 냄새가 있다는 것을 처음 알았다.', '뭔가 이상하다. 약 때문인가?' 등으로 그들은 표현했다. 당시에는 당황하여 얼른 처방전 내용을 점검하기도 했다.

하지만 이건 호소라기보다는 기쁨의 의미라는 것을 지금은 이해한다. 이런 체험을 이야기하는 사람들의 삶의 변화를 지켜보면서 알게 되었다. 그 사람들은 '인격은 변한다. 그것은 세계에 대한 인지방법의 변화에 따라 변한다.'는 것을 확신시켜주었다. [128)

회복되기 시작하는 알코올중독자들은 '스피리추얼 그로스[129)'에 대해 말한다. 정신의학 전문가들은 '스피리추얼'이라는 말을 아주 싫어하고 마치 종교적 도그마의 부스러기처럼 여기는 경향이 있지만 그것은 오류다.

인격이란 지적인 것, 심리적인 것이며 동시에 세계(외계)에 대한 인식방법에 따라 결정되는 것이라는 당연한 사실을 깨닫는다면 '영적 성장'이라는 개념을 '초보자의 허튼소리'나 '경솔한 상태의 발증' 따위로 치부할 수만은 없을 것이다.

---

128) 이에 대해서는 『알코올 의존증의 정신병리』齊藤學에 잘 설명되어 있다.
129) Spiritual growth 영적인 성장

인간관계의 재구축

'회상과 비탄의 작업'을 거친 어덜트 칠드런에게는 '리커넥션[130]'이라는 과제가 기다리고 있다. 앞서 말한 '회복과 성장의 단계'에서 말하는 제 3단계에 해당한다.

과거의 심리적 외상에서 해방된 후에 이루어지는 미래의 창조와 관련한 과제다. 새로운 자기의 창조라고 해도 좋을 것이다.

자기를 지키고 자기를 상처 입히는 상대와 싸우는 일을 학습하고 트라우마를 다시 만나는 일을 막는 기술을 터득한 새로운 자기이다. '나는 나'라고 주장할 수 있는 자기 창조이다. 바로 이 단계에서, 몽상은 구체적인 계획으로 바뀌지 않으면 안 된다. 이것이 가능하려면 자기의 한계를 받아들인 다음 자신에게 갖추어진 힘을 깨닫고 그것을 차근차근 성장시킬 수 있도록 해야 한다.

어덜트 칠드런 특유의 '타인에 대한 불신감'은 이 단계가 되면 서서

---

130) reconnection 인간관계의 재구성

히 개선되기 시작한다. 치료자와의 면접이나 회합 때는 이렇게 '변화하는 새로운 인격'을 현실에 맞게 테스트하는 장이 된다.

이렇게 말하면 회복과 성장이 일직선상에 있는 것처럼 여길지도 모르지만 유감스럽게도 그건 아니다. 회복하기 시작한 것처럼 보이던 사람도 일상생활 안에서 생기는 여러 가지 상실에 맞닥뜨리면 트라우마의 기억에 사로잡혀 정서적 폭풍의 격랑에 빠지는 일이 있을 수 있다. 그러나 그럴 때라도 스스로의 가치와 힘을 일단 깨달은 사람의 회복속도는 그 이전과는 다르다. 만일 혼란에 빠지면 모든 것을 다시 한 번 돌이켜 처음 여행을 떠나는 리스킹 단계부터 시작하면 된다.

일단 회복이 가져다주는 '묘약'을 맛본 사람은 어떻게 하면 그것을 얻을 수 있는지 이미 잘 알고 있다.

이 시기에 어덜트 칠드런이 극복해야 할 과제는 다음과 같다.

1) 우선 앞으로 자기를 공격해오는 것(자기를 상처 입히는 것)과 싸워 몸을 지킬 수 있어야 한다.
2) 이어서 싸우거나 도망치거나 할 필요가 없는 사람을 분별하고 같이 지낼 수 있게 되는 단계를 학습해야 한다.
3) 마지막으로 가장 중요한 것으로 지금까지 얕보고 꺼리고 싫어하던 자신과 화해해야 한다.

'자기를 상처 입히는 것으로부터 몸을 지키기' 위한 힘은 무술을 익히거나 근육을 단련시켜서 얻는 것이 아니다. 그러나 위기에 빠진 자신을 그 위기에서 구해내기 위해 스스로가 지닌 모든 힘을 동원할 수 있도록 할 필요는 있다. 이것이 가능하려면 어느 정도까지 자존심이 회복되어야 한다.

주디스 하먼은 그의 저서에서 '보스톤 메리사 스코트의 여성을 위한 자기방어훈련 프로그램'을 소개한다. 그는 제 1단계에서는 공포의 극복을 주제로 하고, 남자의 습격 때문에 분출되는 아드레날린이 일으키는 심장의 두근거림을 견뎌내는 훈련을 실시한다. 이것이 여성 스스로의 파워를 인식하는 기본이 된다고 한다. 숨을 헐떡이는 방법, 침착해지기 위한 수단을 구체적으로 가르친다고 한다.

이 트레이닝의 최종단계에서는 대역을 맡은 강간마가 훈련생을 끝까지 몰아간다. '아, 이젠 틀렸어.'하는 단계까지 가더라도 저항하지 않으면 안 된다. 거기까지 가면 자기도 모르는 힘이 스스로에게 내재되어 있다는 것을 깨닫게 되고, 그것이 훈련생들로 하여금 파워를 자각하게 하는 돌파구가 된다는 것이다.

이 생생하고도 구체적인 프로그램에 참가하려는 자체가 여성들의 엠파워먼트에 기여한다. 강간에 의한 트라우마에 시달리는 여성이 이에 참가하려고 한다면, 그녀는 이미 과거의 비참한 체험을 받아들이고 그 과거가 자신의 장래에 영향을 미치는 것을 단호히 거부하겠다는 생각이다.

  피해에 대한 체험을 연기로 직시하는 방법은 앞서 소개한 니시오 가즈미 씨의 리프로세싱 리트리트에서도 이용하고 있다. 거기서는 비참한 체험을 자신의 과거의 일부로 받아들인 다음, 장래의 자신의 삶에 참고로 삼으려는 강인함이 요구된다.

  오해를 피하기 위해 덧붙이는데, 위기로부터의 탈출이라는 테마는 '몸을 지키'는 작업의 일부에 지나지 않는다. 앞서 말한 것과 같은 위기관리훈련은 '자신의 심신의 부조화를 깨닫고 그것을 완화 내지 피하는 방법을 함께 얻는' 더 넓은 테마의 일환이라는 의미다. 그리고 이것은 '안전한 장소가 확보된' 단계에서 터득하는 심신보호의 연장선 상에 있다.

  결국 불안발작이나 불면, 건강 부조화에 대처하는 것, 필요하면 의학적 내지 정신의학적인 진단이나 약물요법을 받는 것, 이를 위해 적절한 의사를 선택하는 것, '위험한 장소[131]'에서 탈출하는 것, 이를 위해 필요한 생활보호 등의 사회 복지적 보호를 받는 것도 불사하겠다는 것, 그리고 필요한 수속을 하기 위해 사회복지사Social Worker들의 지식과 협조를 얻는 것, 이혼 등의 법적 수속이 필요한 경우에는 몸을 지켜줄 변호사를 찾는 일, 그리고 무엇보다도 이러한 일련의 움직임을 지지하고 격려하고 따뜻한 '영혼의 가족'이 되어줄 '동지'를

131) 예를 들어 자신을 학대하는 부모나 배우자가 있는 집

얻는 것이다.

　이러한 새로운 자산을 더 풍부하고 긴밀하게 이룩해나가는 동안 어느 사이엔가 자기를 감싸고 도는 인간관계가 재구축됨을 서서히 깨닫게 된다.

가장 사랑해야 할 것은 바로 우리의 아이들

나를 지키는 나

 한 20대 초반 여성의 리커넥션 과정은 다음과 같았다.

그녀는 10대 중반부터 과식증과 손목 베기 등의 자해행위, 등교거부, 어머니에게 가하는 폭력과 그에 따르는 극단적인 퇴행(어린이 회귀) 등으로 부모를 괴롭혀왔다. 언젠가 그녀의 분노의 폭발이 극에 달했을 때 다섯 살 위 오빠가 자신을 성의 대상으로 삼고 있다는 것을 어머니에게 호소했지만 어머니가 제대로 응대해주지 않았다.

'이 아이는 이제 저런 미친 소리까지 하는구나.'하는 것이 이들 부모가 보인 태도였다. 이 가정의 '품성이 좋은' 오빠야말로 부모가 살아가는 보람이었던 것이다. 원래 성질이 급하고 폭력적이던 아버지는 귀찮은 딸을 '전문가'에게 맡기자고 주장했고, 이에 응한 무책임한 의사와 병원도 있어서, 그녀는 스무 살까지 세 번이나 정신병원에 강제입원 당했다.

그녀가 약간 침착성을 되찾은 것처럼 보이기 시작한 것은 성인이 된 얼마 후부터였다. 그 무렵 그녀는 한 잡지를 보고 섭식장애자들의 셀프 헬프 그룹[132])이 있다는 것을 알았고, 거기에 들어가 많은 동지를 만났다. 그녀는 부모에게 꽤 많은 비용을 졸라 예술계 전문대학에 진학했다. 동시에 고액의 비용이 드는 민간 상담실에서 개별상담을 받았다.

KAVA 회합 안에는 육친의 성적 학대에 대한 화제가 가끔 나온다. 이러한 이야기를 듣는 가운데 그녀 안에서는 성적 학대의 가해자인 오빠에 대한 분노와 폭력을 휘두르던 아버지에 대한 분노, 자신의 호소에 귀 기울여주지 않은 어머니에 대한 분노가 다시 끓어오르기 시작했다.

그러나 이 시기의 그녀는 10대 때와는 많이 달랐다. 많은 조언자들에게 둘러싸여 있었기 때문이다. 그녀의 분노는 그룹 안에서 받아들여지고 동시에 많은 위로를 받았다. 분노는 눈물이 되었고, 동료 몇은 함께 울어주기도 했다.

그래도 이 시기까지의 그녀는 매우 불안정하고 위험한 상태였다. 심한 불면과 초조감에 시달렸고 예전과 같은 파괴와 폭력이 언제 재연될지 모르는 상태였다.

사실 어머니의 사소한 질책에도 그녀는 앞뒤 가리지 않고 화를 낼 정도가 되었다. 이 여성은 그 때 치료자에게 조언을 구했다.

치료자가 물었다.

---

132) KAVA를 말한다

"지금 다니는 전문대학과 상담 말인데, 거기에는 어느 정도의 비중을 두고 있죠?"

그러자 그녀는 이렇게 대답했다.

"내가 겨우 찾아낸 삶의 보람이에요."

치료자가 다시 말했다.

"부모에게 경제적 원조를 받으면 부모의 지배로부터 벗어날 수가 없어요."

그러자 그녀는 이렇게 대답했다.

"그렇지만 나는 학교를 포기할 수도 없고 상담도 그만두고 싶지 않아요."

이런 대화가 있은 후 치료자는 말했다.

"그렇다면 타협할 수밖에 없군요. 착한 아이인 척하면서 가능한 한 많은 원조금을 부모에게서 뜯어내는 거죠. 그것이 지금 당신이 할 수 있는 부모에 대한 '복수'죠."

이 '복수'라는 말이 효과가 상당히 있었던 듯 반년 정도는 침착성을 잃지 않았다.

그러나 그것도 이윽고 한계에 다다랐다. 먼저 불면이 시작되고 이어서 몇 년 만에 과식충동에 사로잡히게 된 것이다. 그녀는 집에 틀어박혀 KAVA 회합에도 나가지 않았다. 그리고 몇 주 후 더 이상 억누를 수 없는 분노를 폭발시키는 것처럼 끔찍한 폭력을 어머니에게 분출하여 순찰차까지 출동하는 소동이 벌어졌다.

이 시점에서 다시 그녀를 만났다. 전처럼 정신병원에 입원하기를 주장하는 아버지가 억지로 끌고 온 것이다. 치료자는 아버지를 제지하고 별실에서 그녀와 만나 이렇게 말했다.

"역시 일이 재미없게 되었군요. 당신은 이미 혼자 살아갈 힘을 갖추고 있는데 왜 그러죠?"

흥분한 아버지에게 며칠 동안 그녀의 생활을 지켜보도록 하는 데는 상당한 설득이 필요했다.

그런 며칠 후 그녀는 아버지에게 아무 말도 하지 않고 집을 나갔다고 한다.

그녀에게서 전화가 왔다. 먹고 자면서 하는 일을 찾아 취직했고 낮에는 다른 아르바이트도 하고 있다는 것이다. 그렇게 돈을 모아 자력으로 셋방을 구하겠다는 것이다. 전문대학은 그만두고 상담은 비용을 감면해달라고 해 싸게 받을 수 있게 되었다고도 했다.

그 전화가 있은 후 다시 2년이 흘렀다. 부모와의 연락은 두절된 상태였다. 그녀는 계속 직업을 바꾸었고 그것은 당연했다.

지금은 한 병원에서 의료사무를 보고 있고, 집 월세나 상담비용도 스스로 벌어 지불하고 있다. 직장 동료와의 사귐은 즐겁고 충실하다고 했다. KAVA의 회합에서 만난 동료와의 교류를 무엇보다도 소중하게 여기고 있다고 말했다. 그리고 고맙게도 치료자 역시 그런 동료의 한 사람으로 여기는 것 같았다.

분노의 수용방법 — 부모와 치료자들에게

앞에서 거론한 여성의 경우에도 그랬지만 그리프 워크를 진행할 때 나오는 '부모에 대한 분노'는 매우 심각하다.

심리요법사로서 혹은 그리프 워크에 참가하는 사람으로서 염두에 두어야 할 일이 있다. 그것은 '이제 더 이상 쓸데없이 부모에게 화를 내는 일은 그만두라.' '이미 지나간 일이니까.' '부모도 힘들었을 테니 그걸 이해하고 화해하라.'는 식의 말을 일체 하지 않는 것이다.

가정 내에 틀어박혀 폭력을 휘두르는 아이란 '퇴행(어린이 회귀)'하고 있는 아이다. 즉 '자기 식'으로 '내적인 어린이'를 표현하고 그리프 워크를 하는 사람들이다. 자기 식이라는 말이 이해하기 어렵겠지만 모처럼 그리프 워크를 시작했으므로 분노를, 특히 부모에 대한 분노를 도중에 억제시키지 말고 이것을 이용하여 가족관계를 바꾸는 노력을 부모가 먼저 해보는 것이다.

제2장에서 설명했듯이 자녀의 부모에게 국한된 폭력은 4~5년이

경과하면 가족 내의 경직된 인간관계를 바꾸는 효과를 가지고 있기 때문이다. 알기 쉽게 말하면 거친 아이는 자신의 몸으로 부모, 특히 어머니에게 표현되지 않은 분노나 욕구를 표현한다.

그러므로 자녀가 폭력을 휘두르는 가정에서는 수 년 내에 부부관계의 개선을 볼 수 있을 것이다.

때로는 부모의 사죄가 효과를 거두는 경우도 있다. 그러나 단순히 '미안해'하는 말만으로는 곤란하다. 부모도 아이의 슬픔이나 분노에 공감할 수 있어야 비로소 사죄도 의미를 갖게 된다. 그러기 위해서는 부모 스스로가 어렸을 때 부모와의 관계에서 상처받은 자기를 직시할 수 있어야 한다.

아이의 분노가 모조리 방출되는 때는 반드시 온다. 분노란 스스로의 욕구불만을 호소하는 의사소통의 한 방법이기 때문에 제대로 전달만 되면 언젠가는 끝난다. 전달되지 않기 때문에 계속되는 것이다. 왜 전달되지 않는가하면 자녀가 하는 말에 '하지만' 하고 단서를 달고 응하기 때문이다. '하지만, 너는'이라던가 '너도 반성하라'고만 하지 말고 분명하게 '내적인 어린이' 때로는 '내적인 아기'의 분노를 받아들이면 아이에게도 태도의 변화가 오기 시작한다.

어떤 형태로 부모에 대한 분노가 수습될지는 예측하기 어렵다. '부모는 이즈음에 위축된 나머지 이제 될 대로 되라고 생각했다.'는 경우도 있고 '나는 모든 사람이 가진 어머니와 같은 그런 어머니는 없다. 하지만 나는 내가 만든 친구와 사랑하는 남편이 있다.'고 말하는 경우도 있다.

　모든 사람이, 비슷한 부모에게서 비슷한 아이가 태어나는 건 아니다. '우리 부모처럼 품성이 못된 어른이나 불량제품 같은 부모가 있어도 괜찮지 않겠는가'라는 생각도 한다. '끔찍한 부모를 가진 자신'을 받아들이려는 사람도 있다.

　그 중에는 부모 스스로의 변화 시기가 아이와 같아 '아니, 우리 부모에게도 저런 면이 있었구나.'하며 다시 보게 되는 경우도 있다. 또한 아이에게 조금 여유가 생겨 지금까지의 인간관계에서 느끼던 여러 가지 분노, 불행, 비참함을 전부 부모 탓으로 돌리던 메커니즘이 변하여, '요즘 왠지 사는 게 편하다'는 느낌이 과거의 부모에 대한 원망을 치유하는 경우도 있다.

　그러나 어쨌든 부모에 대한 분노나 한탄, 받지 못한 것에 대한 탄식을 자각하는 길은 거쳐야 한다. 그것을 깨닫지 못하고 그것이 막연한 원망으로 남아있을 때는 자신을 희생자나 피해자라는 식으로 받아들인다. 그리고 그 원인도 모르는 상태로 어느 자리에 가든 희생자가 되고 피해자가 되어버린다.

　'나는 어딜 가도 모두가 싫어해서 따돌림 당한다. 봐라, 여기서도 그렇잖은가.'하는 식이다. 그런 사람의 행동을 살펴보면 남들이 자신을 싫어하게, 적어도 좋아하지 않게 행동하는 걸 볼 수 있다. 그런 사람은 '나에게 말을 걸면 받아들이지 않겠다'는 분위기를 자아낸다. 그러므로 모두가 무서워서 다가가지 않는 것이다. 그래서 본인은 '언제나 고독하다'는 느낌을 가지고 살아간다.

그런 사람들의 문제의 핵심에 있는 것이 부모와의 관계다. 그리프 워크에 참가하는 사람은 부모에 대한 분노를 이끌어내는 일을 돕는데, 그 경우 '고객' 편에서 부모를 변호하는 경우가 종종 있다. 오히려 이런 경우가 보편적이라고 해야 할 정도다. 그러나 이것을 그대로 두면 그리프 워크는 그 단계에 머물고 만다.

부모에 대한 분노를 부인하면서 '부모도 여러 가지 사정이 있고 나는 그렇게 상처받지 않았다.'고 하거나 '분명히 문제가 있는 부모라고 생각은 하지만 나는 그 사람들과 관계를 유지해 가는 데 지쳤던 것뿐이다. 이미 지난 일이고 나만 참으면 된다. 이제 부모에 대해서는 떠올리고 싶지 않다.'고 한다. '왜 그런 말을 하게 하는가.'라든가 '그렇다면 내 부모가 나를 학대한 것 아닌가'하고 항의하는 사람도 있다. 그 사람은 말 그대로 부모에게 학대당한 게 사실이지만 말이다.

그렇게 고객이 부모의 변명을 시작한 경우 치료자는 '그런가요.'하고 동료가 그 문제를 거론하지 않도록 하고 있다. 그리고 그룹 안에서 동료가 부모에 대해 이야기하는 자리에 입회하기를 권한다. 부모에 대한 분노는 그룹에 어느 정도 친숙해지고 나야 비로소 분명히 표현할 수 있게 된다.

어쨌든 우리는 부모를 선택할 수 없다. 그렇다고 바꿀 수도 없다. 사람은 반드시 적절한 '부모 자격이 있는 부모'를 가지는 건 아니지만, 우리는 그것을 받아들일 수밖에 없다. '나는 친구들의 부모님과 같은 부모를 가지고 있지 못하다', '세상에서 말하는 부모 자식 관계가 나에게는 없다'고 단정 짓는 일은 엄청난 고통이다. 그러나 '바꿀 수 없는 것은 받아들이는 수밖에 없다.'

인간관계의 성장은 오히려 '부모가 저렇다'는 것을 수긍하는 시점에서 시작된다고 생각한다. 부모를 바꾸는 일의 매력에서 떠날 수 있을 때에야 비로소 현재 자기 주변에 존재하는 따뜻한 인간관계를 깨닫게 되기 때문이다.

자신의 발견

한 여성이 최근 "결국 나는 '나'와 이야기하고 싶었던 거군요."하고 말했다.

이 여성(30대 주부)은 아동기에 심한 성적학대를 받고 어머니에게도 비호를 받지 못하고 지낸 가혹한 체험의 소유자다. 그녀는 심각한 우울상태를 몇 번인가 경험했고 수차례에 걸친 자살미수 경력이 있다. 그 가운데 집에서 목을 맸던 경험에 대해서 자세히 말하지는 않았지만, 최근 그런 모습을 치료 그룹 안에서 동료와 나누었다.

이런 이야기에는 공통점이 있다. 어딘가에서 들은 이야기가 떠오를 것이다.

강이 있고 맞은편은 꽃으로 가득한 아름다운 곳이었다고 한다. 그 맞은편에 아름다운 여성이 서서 손짓하여 부르고 있다. 이상하게도 자신의 몸이 보이지 않는다. '돌멩이처럼' 이 쪽 강가에 누워있다. 가족과 친구가 모여 웅성웅성 소란스럽지만 누워있는 자신을 알아보는 사람은 아무도 없다. 목소리도 나오지 않고 손과 발도 움직일 수가 없다. 그러는 사이에 갑작스럽게 질식할 것 같은 극심한 고통이 덮쳐 온다. 몸부림을 치는 도중에 의식이 떨어졌다. 정신을 차려보니 매달리기 철봉 아래에 빨랫줄을 목에 감고 쓰러져있었다고 한다. 빨랫줄이 끊어졌던 것이다.

그녀는 일어나 빨랫줄을 목에 감은 채로 집 안을 돌아다녔다고 한다. 뭘 어떻게 해야 좋을지 모를 때 사람은 이런 식으로 행동하기 마련이다. 하지만 그녀는 그 '기묘하고도 꼴불견인' 자신을 떠올리고 이 일만은 절대로 다른 사람에게 이야기하지 말아야겠다고 결심했다고 말했다.

"하지만 최근 회합 때 이런 일을 평생 묻어두지 않아도 될 것 같다는 생각이 들었습니다. 이런 이야기를 할 생각은 없었는데 어느새 나도 모르게 이 일을 모두에게 이야기하고 있었습니다."

그녀가 가혹한 소녀시절을 회상하고 회합 도중에 운 것은 1년 전이었다. 기억이 분명치 않은 부분은 지금도 남아있지만 그 무렵과 비교하면 그녀의 이야기에는 확연한 변화가 보인다. 그것은 그리프 워크를 제대로 거친 사람에게서 보이는 변화다.

과거의 비참한 상황은 변화시킬 방법이 없지만 현재의 그녀에게는 그 비참함을 극복한 영광이 찾아왔으리라 생각한다. 이 빛 속에서 회상하기 때문에 바로 조금 전까지는 '남에게 도저히 말할 수 없다.'고 생각한 어두운 과거도 웃으면서 이야기할 수 있는 단계가 된 것이다.

찰스 위드필드는 이것을 '희생물 이야기에서 영웅 이야기로의 전환'이라고 부른다.

같은 사건을 이야기하더라도 듣는 사람으로 하여금 '위기를 빠져나온 자의 여유'를 느끼게 한다. 그와 더불어 그들의 이야기는 '현재'가 중심이 되기 시작한다. 현재의 인간관계, 배우자와 자녀와의 생활, 직장 동료들의 모습, 일이나 금전에 얽힌 현실적인 이야기 등이 그것들이다.

원망의 대상이었던 부모는 이미 배경으로 들어가 동화되었다. 악의 화신처럼 이야기하던 배우자가 상냥한 배려를 보이는 사람으로 등장하기도 한다. 예전의 비참하고 캄캄하고 단조롭고 숙명적이던 과거의 이야기는 곳곳에 유머를 가진 복잡하고 유동적이고 미래를 지향하는 몇 가지 선택사항을 가진 이야기로 바뀌기 시작한다.

그녀는 목을 매던 이야기를 회합에서 털어놓고 말았다는 이야기를 한 후 다음과 같이 덧붙였다.

"전에 정신감정을 받을 때 그 선생님이 제게 물었습니다. '당신이 여기에 와서 이야기하는 것은 어떤 벌 때문이라고 생각합니까, 아니면 어떤 필연이 있어서라고 생각합니까?'라고요. 저는 즉시 '여기에 오는 건 필연이었습니다.'하고 대답했어요. 저는 어릴 때부터 제 이야기를 열심히 들어줄 '어떤 사람'이 제 앞에 나타날 것을 확신했기 때문이에요. '그 사람'은 남자일 거라고 생각했습니다. 하지만 그렇게 대답하면서도 그 상대는 이 선생님이 아니라고 생각했습니다. 그 후

저를 돌보아준 두 명의 여성 테라피스트도 아니고 상담 선생님도 제가 찾던 이야기 상대는 아닌 것 같다는 생각을 했습니다. 그래서 문득 깨달았습니다. '그 사람'이란 결국 바로 제가 아닐까 하고. 그러자 즉시 그게 맞을 거라는 확신이 들었습니다. 그래요, 저는 계속 저 자신과 이야기하고 싶었던 거예요."

그녀가 발견한 그녀 자신은 유연하고 상처입기 쉬운 사람이었다. 예전의 그녀가 '회복된 자기' 모습으로 상상하던 무쇠와 같은 단단함에는 못미쳤지만 '부드럽고도 힘 있는' 자신이었다. 의외로 어린애 같고 어쩌면 정말로 어린애인지도 모른다.

하지만 자신의 생각을 분명하게 털어놓고, 하고 싶은 일은 '하고 싶다.', 하고 싶지 않은 일은 '하고 싶지 않다.'고 분명히 말한다. 어른스러움을 지나치게 의식하여 허세를 부리거나 거드름을 피우는 '어린애 같은' 사람은 이 사람과는 무관하다. 포용하려고 하면 완전히 몸을 맡기는 어린 아이처럼 긴장하거나 몸을 빼는 일이 없다. 호기심이 왕성하고 놀기를 좋아한다.

그녀는 이 '그녀 자신'과 함께 있을 때 지금까지 주입받아온 이성과 상식을 잊어버리고 의식하는 세계 밖으로 열린 직감과 무의식의 세계를 실감한다. 그러면서 아울러 세상 사람을 의심하고 경계하는 마음도 잊는다. 그것은 분명 남을 위한 자신이 아니고 그녀만 알 수 있는 그녀 자신을 위한 자기일 것이다.